Richtige Haltung beim Abseilen: Knie fast durchstrecken, breitbeinig an der Wand laufen *Foto: thms*

Band 170

OutdoorHandbuch

Thomas-Michael Schneider

Höhlen
Praxistipps für Einsteiger

BASIXX - BASISWISSEN FÜR DRAUSSEN

Höhlen:

Updates Verlagsprogramm Schnäppchen
www.conrad-stein-verlag.de

Der Autor und der Verlag sind für Lesertipps und Verbesserungen (besonders als E-Mail oder auf Diskette) unter Angabe der Auflagen- und Seitennummer dankbar.

Leser, deren Einsendung verwertet wird, werden in der nächsten Ausgabe genannt und erhalten als Dank ein Exemplar der neuen Auflage oder ein anderes Buch ihrer Wahl aus dem Programm des Verlags.

Titelfoto: In einer Schachthöhle

Praxistipps für Einsteiger 5

OutdoorHandbuch aus der Reihe "Basixx - Basiswissen für draußen", Band 170

ISBN 3-89392-570-8 1. Auflage

Dieses OutdoorHandbuch wurde konzipiert und redaktionell erstellt vom Conrad Stein Verlag GmbH, Postfach 1233, 59512 Welver, Dorfstr. 3a, 59514 Welver, ☏ 02384/963912, FAX 02384/963913, <info@conrad-stein-verlag.de>, <http://www.conrad-stein-verlag.de>.

Unsere Bücher sind überall im wohl sortierten Buchhandel und in cleveren Outdoorshops in Deutschland, Österreich und der Schweiz erhältlich.
Auslieferung für den Buchhandel:

D Prolit, Fernwald und alle Barsortimente
A freytag & berndt, Wien
CH AVA-buch 2000, Affoltern und Schweizer Buchzentrum
I Mappa Mondo, Brendola

Text: Thomas-Michael Schneider
Fotos:Thomas-Michael Schneider (thms), Bernhard Nerreter (bn), Sven Wölfel (sw), V .Fiedler & W. Zwick (F & Z), Günter Schneider (gs), Harald Weih (hw), Wilfried Lorenz (wl), Dieter Preu (dp)
Zeichnungen: F. Leja
Lektorat und Layout: Ulla Ackermann
Gesamtherstellung: Wilhelm & Adam, 63510 Heusenstamm

Dieses OutdoorHandbuch hat 124 Seiten mit 41 schwarzweißen Abbildungen und 3 Zeichnungen. Es wurde auf chlorfrei gebleichtem Papier gedruckt und der größeren Strapazierfähigkeit wegen mit PUR Kleber gebunden.

007900

Inhalt

Über den Autor

Thomas-Michael Schneider wurde 1979 in Nürnberg geboren. Als Sohn höhlenbegeisterter Eltern, begann er bereits in sehr jungen Jahren die Unterwelt des Fränkischen Jura zu erkunden. Seit 1995 ist er aktives Mitglied der "Forschungsgruppe Höhle und Karst Franken e.V." (FHKF) in Nürnberg und dort unter anderem in der Ausbildung von „Einsteigern“ tätig. Vielfältige Aktivitäten auf dem Gebiet der Höhlenforschung im In- und Ausland bilden für ihn den idealen Ausgleich zu seinem Medizinstudium in Erlangen.

Danke

Ohne die Hilfe vieler Freunde wäre dieses Buch so nicht möglich gewesen. Vielen Dank an Werner Zwick für seine unermüdliche Korrekturarbeit und wertvollen Anregungen. An Dr. Hardy Schabdach, Gert Stiebler, Bernhard Nerreter, Dieter Preu, Stephan Kraus und Stefan Sörgel für ihre fachliche Unterstützung und Durchsicht der Manuskripte. Claudia Gumpold, Rolf Dorn und Michael Conrad scheuten keinen Aufwand, um mir bei der Erstellung und Bearbeitung des Bildmaterials zu helfen. Vielen Dank auch an die Höhlenfotografen Wilfried Lorenz, Harald Weih, Günter Schneider und Sven Wölfel für die Bereitstellung ihrer Bilder. An Wilfried speziellen Dank für seine Hilfe bei dem Kapitel über Fotografieren. Für seine klasse Zeichnungen bedanke ich mich bei Ferdinand Leja. Danke auch an Uli Fiedler und Stephan Korder sowie die gesamte Forschungsgruppe Höhle und Karst Franken (FHKF).

Der tollsten Frau der Welt habe ich jedoch am meisten zu verdanken. Ohne sie wäre ich während der Schreibarbeiten verhungert und verwahrlost. Liebe Rike, vielen Dank dafür, dass Du dieses ausgefallene Hobby mitträgst, für Deine Unterstützung, Deine Kritik, Dein Lob... und für Deine Liebe!

Vorwort

In der Freizeit in Höhlen zu gehen wird immer beliebter. Eine Höhlentour lässt den gestressten Menschen für einige Stunden dem hektischen Alltag entkommen. Er taucht ein in eine fremde, bizarre Welt, in eine Stille ohne Licht, ohne Mobiltelefon, Notebook und Zeitgefühl. Das Bedürfnis nach Natur und "draußen sein" wird ebenso befriedigt, wie das Verlangen nach Bewegung und sportlicher Herausforderung. Höhlenforscher gehen dabei noch ein Stückchen weiter. Ihre Begeisterung gilt zusätzlich der Forschung in all den unterschiedlichen Sparten der Speläologie (Höhlenforschung).

Die Tatsache, dass immer mehr Menschen in Höhlen gehen, lässt auch mehr Probleme entstehen. Die Natur leidet und, bedingt durch mangelnde Ausrüstung und wenig Erfahrung, nehmen Unfälle in Höhlen zu.

Die Intention dieses Buches ist beiden Entwicklungen entgegen zu wirken. Nicht zufällig habe ich deshalb das Thema Höhlenschutz ganz zu Beginn gestellt. Zusammen mit etwas Hintergrund zu rechtlichen Fragen, soll dies ein Basiswissen für Anfänger darstellen. Im anschließenden Praxisteil steht dann einzig und allein die Höhlentour im Vordergrund. Darin geht es nicht nur um Ausrüstung, Planung und Technik. Tipps zur Vermeidung von Komplikationen und Sicherheitshinweise sollen vor dem Ernstfall bewahren. Abgerundet wird das Buch mit etwas weiterführendem Wissen über Fotografie, Dokumentation und Höhlenforschung.

Ich hoffe es ist mir gelungen, dem Einsteiger ein gewisses Gespür für Risiko und Gefahr zu vermitteln, damit bei Höhlentouren Vergnügen und Sicherheit nicht zu kurz kommen. Weiterhin wünsche ich mir, dass klar geworden ist, wie wichtig Höhlenschutz ist und was jeder von uns für den Erhalt dieses Ökosystems leisten kann.

Thomas-Michael Schneider, Erlangen im Juni 2005

Höhlen brauchen Schutz

Ganz bewusst habe ich das Thema Höhlenschutz, als erstes Kapitel in diesem Buch, noch vor alle Praxis gestellt. Denn der Erhalt und Schutz des sensiblen Ökosystems Höhle muss an erster Stelle stehen, sonst verlieren wir langfristig die Grundlage unseres Hobbys. Dem Wissen um die Gefährdung der Höhlen durch uns Menschen kommt besondere Bedeutung zu. Jeder, der in Höhlen unterwegs ist muss wissen, auf was er Acht geben muss und was er praktisch für den Schutz der wundervollen Welt unter Tage tun kann. Viele Details gilt es bei einer Höhlenbefahrung zu berücksichtigen. Vor der ersten Tour bereits alles verinnerlicht zu haben, ist vielleicht zu viel verlangt. Ich möchte Sie auch nicht mit theoretischem Wissen erschlagen. Vielmehr ist es mein Anliegen Sie anhand einiger Beispiele darauf aufmerksam zu machen, wie komplex und schützenswert Höhlen sind. Nur wer dies verstanden hat, bekommt eine Idee davon, was auf dem Spiel steht. Höhlenschutz geht uns alle an, völlig egal, aus welchem Interesse wir uns in Höhlen aufhalten. Sei es zu Forschungszwecken, oder einfach um den Reiz einer fremdartig faszinierenden Unterwelt zu erleben. Höhlen sind vielfältigen Bedrohungen ausgesetzt und wir müssen an einem Strang ziehen und dafür kämpfen, dass sie keinen Schaden nehmen. Dazu ist es oft nötig die eigenen Interessen zu Gunsten des Umweltschutzes hinten an zu stellen.

Warum sind Höhlen schützenswert? Ein kleiner Exkurs über Höhlen

Höhlen sind, entgegen dem ersten Eindruck, sensible Ökosysteme mit eigenen Klimaverhältnissen und einer erstaunlichen Tierwelt. Zunächst fällt dem Besucher die Gestalt der Höhle auf. Klare Wasserbecken und Sinterformationen, schneeweiße Felswände, unberührte Sedimente und bizarre Felsformationen sind nur eine kleine Auswahl, der für Höhlen typischen Erscheinungen (Sedimente sind geschichtete Ablagerungen von Gesteinsmaterial).

Die meisten Höhlen sind Karsthöhlen. Der Karst ist eine Landschaftsform aus Karbonatgestein (Kalk, Dolomit) oder Gips. Karsthöhlen sind über viele Jahrtausende entstanden und entwickeln sich ständig weiter. Wasser, das als Regen auf die Erdoberfläche fällt und sich beim Durchsickern der Böden mit CO_2 anreichert, ist der Baumeister aller Karsthöhlen. Es löst das kalkhaltige Gestein und frisst so unterirdische Höhlen in den Fels. Der Säuregehalt des Wassers, Temperatur und Luftdruck haben hierbei großen Einfluss auf die Höhlenentstehung. Fließendes Wasser formt anders aussehende Hohlräume als stehendes Wasser und auch die Zusammensetzung des Gesteins entscheidet über das Aussehen einer Höhle. Die Höhlengeologie beschäftigt sich mit den Zusammenhängen der Höhlenentstehung. Sie ist ein Teilgebiet wissenschaftlicher Höhlenforschung, und zwar eines der spannendsten, da noch viele Fragen bezüglich der Entstehung von Höhlen bislang nicht geklärt werden konnten.

Im Umgang mit der Höhle wird deutlich, dass vielen Höhlenbesuchern der Sinn für Wert und Einzigartigkeit der Höhlen fehlt. Immer wieder werden Tropfsteine abgeschlagen, Felsen mit Farbe verschmiert und glitzernde Bodenformationen mit lehmigen Schuhen betreten. Dabei werden in wenigen Sekunden Kostbarkeiten, für deren Entstehung die Natur oft Jahrtausende brauchte, unwiederbringlich zerstört.

Sinter in Höhlen

Tropfsteine werden auch als Sinter bezeichnet. Sinter entstehen durch Ablagerung des im kohlensäurehaltigen Tropfwasser gelösten Calciumcarbonats (Kalk), unter Bildung von Calcit, Aragonit und vielen weiteren Mineralien. Unterschiedliche Faktoren sind für das individuelle Aussehen einer Sinterformation und deren Wachstumsgeschwindigkeit ausschlaggebend. Sobald ein mit Kalk gesättigter Tropfen aus dem Fels in einen Höhlenraum gelangt, muss er, vor allem wegen des wechselnden Kohlensäurepartialdrucks in der Raumluft, diesen gelösten Kalk teilweise

Sinterfahne (Bildmitte) und Stalaktiten
Foto: sw

wieder abgeben. Der Partialdruck spiegelt den Druck eines in einer Flüssigkeit gelösten Gases wider. Im Fels steht das CO_2-haltige Wasser unter höherem Druck als in der Raumluft einer Höhle. Beim Austritt eines Wassertropfens aus dem Fels sinkt deshalb auch sein Kohlensäurepartialdruck. Der überschüssige Kalk fällt aus, kristallisiert, und über viele Jahre formt sich an der Tropfstelle ein Tropfstein. Physikalische Berechnungen ergeben ungefähre Wachstumsraten zwischen 0,05 und 1 mm pro Jahr! Auch wenn einige Tropfsteine schneller und andere noch langsamer wachsen, wird deutlich, dass die Entstehung besonders großer Formationen viele tausend Jahre braucht. In keinem Fall lässt sich von der Größe auf das Alter der Tropfsteine schließen. Die meisten Sinterbildungen sind in Warmzeiten zwischen einzelnen Kaltphasen und in der Nacheiszeit entstanden, dies ergaben Altersdatierungen an Bohrproben. So langsam Sinter entstehen, so schnell sind sie zerstört. Noch immer gibt es Mineraliensammler, Mineralienverkäufer und Souvenirjäger, die auch zum Hammer greifen. Häufig stellt sich erst zu Hause heraus, dass der mitgebrachte Tropfstein, ausgetrocknet und aus seinem Umfeld entfernt, wenig ansehnlich ist. Übrigens schadet Tropfsteinen schon leichtes Berühren mit der Hand. Denn der Fettfilm, den unsere Haut als Schutzschicht hat, lagert sich am Tropfstein ab und stört so die weitere Kristallbildung an dieser Stelle.

Sinterbecken mit Kristallen

Foto: bn

Basics: Stalagmiten stehen am Boden, meist unter Stalaktiten, die von der Decke herabwachsen. Treffen sich beide in der Mitte, entsteht eine Sintersäule. Sehr dünne und leicht zerbrechliche Sinterröhrchen heißen aufgrund ihrer Ähnlichkeit zu Nudeln Makkaronis. Sinterformationen, die der Schwerkraft zu trotzen vermögen und alle erdenklichen Formen annehmen, sind Excentriques. Läuft das Tropfwasser an der Höhlenwand herunter, können die phantastischen Sinterfahnen entstehen, die oft so dünn sind, dass sie sogar Licht durchschimmern lassen.

Anschnitt von Höhlensedimenten Foto: thms

Wissenschaft braucht intakte Höhlen

Wissenschaftler können auch aus dem weniger ansehnlichen Höhleninhalt, wie Fels, Schutt und Sediment, Rückschlüsse über Entstehung und Werdegang der Höhlen ziehen. Sedimente, also geschichtete Ablagerungen beispielsweise in Form von Höhlenlehm, beinhalten zudem oft Relikte vorgeschichtlicher Besiedlung, wie Scherben, Schmuck und Werkzeuge. Auch Knochen längst ausgestorbener Tierarten und anderes biologisches Material sind mehr denn je im Interesse der Wissenschaftler.

So erlauben neue Untersuchungsmethoden, wie DNA-Analyse aus Knochenresten, spannende Einblicke in die Vorgeschichte unserer Erde. Durch Raubgrabungen ist dieses Wissen direkt bedroht. Selbst wenn nicht alle Relikte gestohlen werden, sind durchwühlte Böden für die Forschung wertlos, weil ihre wissenschaftliche Aufarbeitung dadurch unmöglich ist. Sollten Sie während einer Höhlentour etwas Vorgeschichtliches entdecken, müssen Sie dies unverzüglich an die zuständige Denkmalschutzbehörde melden. Bitte versuchen Sie in einem solchen Fall, die Fundstelle möglichst unberührt zu lassen.

Der Lebensraum Höhle

Es gibt viele Lebewesen, die sich den unwirtlichen Bedingungen unter Tage besser angepasst haben, als wir Menschen es mit der besten Ausrüstung je könnten. Zusammen mit der Pflanzenwelt in Höhlen gilt ihnen das Interesse der Biospeläologen. Die Biospeläologie, ebenfalls ein Teilbereich der Höhlenforschung, unterscheidet unter den in Höhlen vorkommenden Tieren, Trogloxene, Troglophile und Troglobionten. Trogloxene sind Zufallsgäste. Höhlen entsprechen nicht ihrem angestammten Lebensraum. Troglophile (= Höhlen liebende) Tiere suchen entweder saisonal gezielt Höhlen auf oder leben sogar ganzjährig in Höhlen. Der bekannteste Vertreter der Troglophilen ist die Fledermaus, welche vor allem in den Wintermonaten Höhlen aufsucht, während sie dort im Sommer nur selten zu finden ist. Andere Troglophile, wie etwa der Bachflohkrebs, sind ganzjährig in Höhlen anzutreffen, können aber auch außerhalb von Höhlen (z.B. in Bächen) gefunden werden.

Ein echtes Höhlentier: Der Grottenolm hat sich der Höhlenwelt perfekt angepasst

Foto: F & Z

Die spannendsten Höhlenbewohner sind die Troglobionten, weil streng genommen nur sie "echte" Höhlentiere sind. Sie haben sich auf das Leben in völliger Dunkelheit spezialisiert. Ihrer Haut fehlt der Lichtreiz, um Pigmente zu bilden, weshalb die meisten Troglobionten weißlich durchschimmern. Ihre Augen sind rückgebildet, dafür ist der Tastsinn umso besser ausgeprägt. Mit der Sonne fehlt ihnen nicht nur die Sicht, sondern auch die zeitliche Orientierungsmöglichkeit. Da selbst die Jahreszeiten in Höhlen kaum wahrnehmbar sind, folgt ihre innere Uhr anderen Rhythmen als bei ähnlichen Tieren an der Erdoberfläche. Sie leben von der Jagd auf andere Höhlenbewohner oder von dem, was das Tropfwasser an Nährstoffen von der Oberfläche in die Höhle bringt. In unseren Breiten sind echte Höhlentiere nicht immer auf den ersten Blick erkennbar, obwohl sie zahlreich vorhanden sind. Die meisten Vertreter sind einfach zu klein, um direkt aufzufallen, oder sie sind sogar so klein, dass sie mit bloßem Auge gar nicht sichtbar sind. Es handelt sich dabei vor allem um Krebsarten, Insekten, Würmer oder Käfer. Einige hundert Tiere können pro Quadratmeter Höhlenboden vorkommen. Ihre Erforschung ist längst nicht abgeschlossen und noch immer werden neue Tierarten entdeckt.

Was machen Fledermäuse in Höhlen?

Fledermäuse sind Säugetiere. In den frühen Sommermonaten Juni und Juli bringen die Weibchen ihre Jungen zur Welt. Die Geburt und Aufzucht findet in den so genannten Wochenstuben statt. Dort finden sich ganze Kolonien von trächtigen Fledermausweibchen zusammen, um sich gegenseitig zu unterstützen. Fledermäuse ernähren sich hauptsächlich von Insekten. Je nach Art und Jahreszeit haben sie gewisse Vorlieben was den Speiseplan angeht. Manche jagen bevorzugt über Gewässern, andere gehen am Waldboden auf Käferjagd. Im Durchschnitt verputzen die flinken Nachtschwärmer etwa die Hälfte ihres Körpergewichts an Insekten in nur einer Nacht. Die bei uns häufige große Mausohr- Fledermaus fängt also etwa 10 g Insekten pro Nacht! Ihre Beute erkennen Fledermäuse über ein äußerst feines Gehör. Mittels Ultraschall, den sie selbst aussenden, orientieren sie sich in absoluter Dunkelheit. Anhand der Echos nehmen sie nicht nur Hindernisse im Flug wahr, sondern können bereits von der Qualität des Echos auf das gejagte Insekt schließen und entscheiden, ob sie darauf gerade Appetit haben. Um die lange insektenfreie Zeit überstehen zu können, ziehen sich Fledermäuse ab Oktober in ihre Winterquartiere zurück. Von den bei uns heimischen Fledermausarten bevorzugen die meisten Höhlen, Stollen und Keller zum Überwintern.

Eine Gruppe überwinternder Fledermäuse (Großes Mausohr) Foto: sw

Viele Fledermäuse haben einen Lieblingsschlafplatz, an den sie Jahr für Jahr zurückkehren und dafür auch einige hundert Kilometer Flugstrecke in Kauf nehmen. Die Ruhe, Geborgenheit vor den meisten natürlichen Feinden und eine konstante Temperatur von 3 bis 9°C dürften unter anderem der Grund für die Beliebtheit von Höhlen als Winterquartiere unter Fledermäusen sein. Von Bedeutung ist auch die hohe Luftfeuchtigkeit, die ein Austrocknen der Flughäute verhindert und damit den Flüssigkeitshaushalt der Tiere entlastet. Mit den Füßen an der Decke, verbringen sie die kalte Jahreszeit im Schlaf, wobei sie durchaus zwischendurch aufwachen, um den Hangplatz zu wechseln, oder sich zu putzen. Da während der Wintermonate keine Nahrungsaufnahme möglich ist, weil kaum Insekten zu finden sind, muss der Energievorrat rationiert werden. Der Schlaf ist deshalb nicht mit unserem Nachtschlaf vergleichbar. Um Energie zu sparen, senken Fledermäuse Atmung und Herzschlag auf ein absolutes Minimum (ca. 6 Schläge pro Minute) und lassen sich auf Höhlentemperatur auskühlen. Aus dieser Lethargie aufzuwachen, braucht etwa 30 Minuten Aufwärmzeit und eine Menge Energie. Deshalb ist jede Störung im Winterschlaf, nach der eine Fledermaus aufwacht, potenziell tödlich, da in Folge die Reserven nicht mehr ausreichen könnten, bis zum Frühjahr durchzukommen. Seit vielen Jahren haben sich deshalb Höhlenforscher für ein freiwilliges Unterlassen von Höhlenbefahrungen in den Monaten von Oktober bis April entschieden, um eine Störung der Tiere zu vermeiden. Einige Höhlen werden in dieser Zeit verschlossen, für andere existiert ein amtliches Betretungsverbot. Beides vermutlich nur, weil sich trotz der großen Bedeutung für die bedrohten Säugetiere leider viele Höhlengänger nicht an diese Schutzzeiten, sei es aus Unwissen oder Ignoranz, halten wollen.

Pflanzen in Höhlen, Höhlenflora

Da alles was grün ist nicht völlig ohne Licht auskommt, ist die Höhlenflora auf die eingangsnahen Bereiche in der Höhle beschränkt. Pilzarten, die wegen ihrer andersartigen Zellstruktur eine Ausnahme hiervon bilden, kommen ohne Sonnenlicht aus und wachsen meist auf dem Nährboden organischer Substanzen, die von außen in die Höhle gelangt sind.

Bei den lichtabhängigen Pflanzen handelt es sich in aller Regel um Schattengewächse und Sporenpflanzen (Farne und Moose), die nicht nur in Höhlen vorkommen. Betrachtet man die Eingänge viel besuchter Höhlen, so ist dort die Vegetation oft derart niedergetrampelt, dass nur noch der kahle Waldboden zu sehen ist.

Wodurch sind Höhlen gefährdet?

... vor allem durch den Menschen. Auf vielfältige Weise kann das Ökosystem Höhle gestört werden. Illegale Abfallbeseitigung und Vandalismus zählen ebenso dazu wie Höhlentourismus.

Auch Höhlenbegehungen können schaden

Mit jeder Höhlenbegehung kann der Höhlenwelt Schaden zugefügt werden. Mit einiger Umsicht und etwas Verstand lässt sich dies jedoch minimieren. Vor vielen Jahren, als allmählich klar wurde, wie wichtig Höhlenschutz ist, formulierten Höhlenforscher folgenden Merkspruch: "Take nothing but photos, leave nothing but footprints, kill nothing but time!"

Ganz streng genommen muss darauf hingewiesen werden, dass auch Fußabdrücke empfindliche Stellen zerstören können. Doch im Kern trifft diese Regel alles wichtige, was eigentlich selbstverständlich sein sollte: "Take nothing but photos" trägt unter anderem der traurigen Wahrheit Rechnung, dass es noch immer

Auch wenn es schwierig ist: In Sinterbecken sollte man nicht treten...
Foto: sw

Menschen gibt, die Tropfsteine zerstören, um ein Souvenir mitnehmen zu können. Dabei wird vergessen, dass die durch die Zerstörung entstandenen Wunden auch über viele Generationen nicht verheilen können. Der Tropfstein wird so schnell nicht mehr nachwachsen.

"Leave nothing but footprints" möchte deutlich machen, dass nichts in Höhlen gehört, was nicht schon im Urzustand darin war. Abfallreste vom Picknick, ebenso Zigarettenstummel und Kleidungsfetzen, müssen mitgenommen werden. Davon abgesehen sollte in Höhlen sowieso nicht geraucht werden, auch wenn es hier noch kein offizielles Rauchverbot gibt. Nicht nur die echten Höhlenbewohner, sondern auch alle nichtrauchenden Kameraden werden dafür dankbar sein. Um noch mal auf die Fußabdrücke zu kommen: Es ist auch praktizierter Höhlenschutz, wenn sich der einzelne bemüht, auf den Trampelpfaden anderer zu bleiben und nicht jeder kreuz und quer läuft!

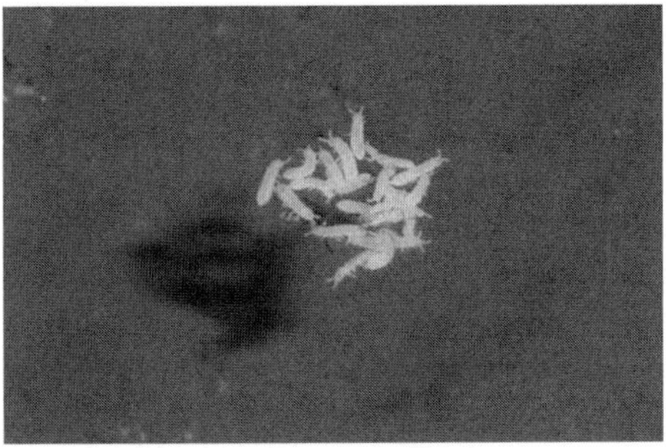

... schließlich sind sie Lebensraum: Hier Springschwänze (Collembolen) Foto: thms

"Kill nothing but time" ist ein Hinweis darauf, dass Höhlen sehr empfindlich sind. Um keinem Höhlentier das Leben schwer zu machen, müssen Altbatterien, deren Säure eine reelle Gefahr darstellt und auch Karbidreste aus Höhlenlampen, sorgfältig verpackt und daheim entsorgt werden.

Nachdem auch Wasseransammlungen, wie Sinterbecken, beliebte Lebensräume darstellen, sollte vermieden werden, wahllos in sie hinein zu treten. Stellen Sie sich vor, Sie sind ein Höhlenflohkrebs und leben in einem Sinterbecken. Sie liegen gerade entspannt auf dem Wasser und plötzlich kommt ein Stiefel...

Müllkippen und Schadstoffe

Höhlen sehen sich, neben den Höhlenbefahrungen, auch noch ganz anderen Gefahren ausgesetzt. Werden sie einerseits als Partyraum missbraucht, kann ihnen andererseits auch genau das Gegenteil blühen. Die Höhle als Müllkippe. Nicht selten wurden und werden Höhlen als Müllschlucker verwendet. Als besonders praktisch erweisen sich dabei solche Höhlen, die per Kraftfahrzeug gut erreichbar sind. Glücklicherweise ist die Bevölkerung heute gegenüber illegaler Abfallbeseitigung sensibler geworden, so dass es inzwischen bereits zu einigen Anzeigen gekommen ist. Vereinzelte schwarze Schafe sind aber nach wie vor zu beklagen. Neben dem Schaden für die Höhle besteht in solchen Fällen oft auch direkte Gefahr für die Bevölkerung. Auf Grund der engen Beziehung zwischen Höhlen und Grundwasser, können Schadstoffe schnell ins Trinkwasser gelangen. Nicht nur Sondermüll, der in Höhlen "zwischengelagert" wurde, sondern auch Dünge- und Spritzmittel der Landwirtschaft oder Klärwässer, die auf der Oberfläche ausgebracht werden, sind in diesem Zusammenhang problematisch. Erst in den letzten Jahrzehnten wurde die Bedeutung der Höhlen und Karstsysteme für das Trinkwasser klar. Die moderne Höhlenforschung leistete dazu mit Karstwasseruntersuchungen einen wichtigen Beitrag.

Raubbau an der Natur

In vielen Teilen Deutschlands sind Höhlen direkt durch große Bauvorhaben oder Steinbrucharbeiten gefährdet. Wenn sich der Bagger der Höhle nähert, laufen Höhlenforscher und Naturschützer Sturm.

Das Ausbrechen von Tropfsteinen oder sonstigen geologischen Kostbarkeiten kann ebenfalls, wie auch illegale Grabungen, als Raub an der Natur betrachtet werden, auch wenn dabei nicht immer wirtschaftliche Interessen im Vordergrund stehen.

Problem Höhlentourismus

Die wahrscheinlich größte Gefahr für Höhlen geht direkt von übermäßiger Höhlennutzung aus. Organisierte "Events" mit Grillfeuer und einer Menge Müll am nächsten Tag sowie kommerzielle Höhlentouren sind nur zwei Extrembeispiele. Die Masse an Höhlentouristen, die sich Woche für Woche durch die überregional bekannten, unerschlossenen Höhlen drängen, stellen ebenfalls eine ernst zu nehmende Bedrohung dar. Bereits die starke Frequentierung allein ist in der Lage, das Höhlenklima zu verändern. Verschärfend kommt noch hinzu, dass unter diesen Massentouristen, die prozentual größte Unwissenheit über Höhlenschutz herrscht. Für die meisten unter ihnen sind Höhlen schlicht Mittel zum Zweck.

Abenteuerlust, Trendsport und der Hang zu Extremsportarten sind die treibenden Kräfte, dass immer mehr den ultimativen Kick in Höhlen suchen. Die dadurch entstandenen Schäden an der Natur sind nicht zu leugnen. Der aktuellen Entwicklung nach zu urteilen, wird eher eine Ausweitung des Höhlentourismus befürchtet. Dies könnte, zum Schutz der Natur, auf lange Sicht eine Einschränkung des allgemeinen Betretungsrechts von Höhlen durch den Gesetzgeber zur Folge haben.

Höhlenschutz als Reaktion

So vielseitig die Gefahren sind, so vielfältig sind auch die Möglichkeiten Höhlen zu schützen. Obwohl "Schutz" ja eigentlich bedeutet "Verhindern, bevor etwas passiert", ist der Höhlenschutz oft eine Reaktion auf das, was eben leider schon geschehen ist. Gegen rechtswidriges Verhalten, wie beispielsweise Tropfsteine abschlagen, Feuer schüren oder Müll entsorgen, kann natürlich mit dem Gesetz, sprich per Anzeige, vorgegangen werden. Oft bleibt den frustrierten Höhlenschützern aber nur der Versuch, den Schaden zu begrenzen. In tagelangen Aktionen werden Höhlen vom Müll der Touristen befreit, aufgebrochene Verschlüsse repariert und versucht, verwüstete Höhlenteile zu "renaturieren". Der Urzustand kann dabei leider nicht wiederhergestellt werden.

Letzter Ausweg Höhlenverschluss?

Im Verschließen sehen viele die letzte Rettung für gefährdete Höhlen. Wo besondere Schutzwürdigkeit besteht, müssen ignorante Höhlentouristen, denen mit Argumenten nicht beizukommen ist, ausgeschlossen werden. Leider stehen dadurch auch viele Höhlenfreunde draußen, vor denen die Höhle eigentlich nicht geschützt werden müsste. Beim Thema Höhlenverschluss gehen deshalb die Meinungen auseinander, da sich einige zu Unrecht ausgesperrt fühlen. In Wirklichkeit stehen diesen Leuten viele Höhlen jedoch auf diplomatischem Wege offen.

Fakt ist, dass wir nicht mehr um den Verschluss besonders schützenswerter Höhlen herumkommen. Deshalb möchte ich jeden bitten, auch wenn die Enttäuschung vor verschlossener Tür zu stehen noch so groß ist, dies zu respektieren. Höhlen werden nicht aus Boshaftigkeit vergittert oder um Ihnen den Spaß zu verderben. Es geschieht meist im Interesse des Naturschutzes, für den wir uns alle stark machen sollten.

Viele Höhlen werden aus Schutzgründen verschlossen
Foto: F & Z

Wir alle sind gefragt...

Höhlenschutz hat mit vielen Problemstellungen fertig zu werden. Mit gutem Beispiel voranzugehen ist unerlässlich. Dazu kann auch mal gehören den Müll vom Vorgänger mit herauszunehmen. Damit die Sorgfalt im Umgang mit Höhlen breiten Rückhalt findet, muss das Wissen über die Notwendigkeit des Höhlenschutzes in der Bevölkerung verankert werden. Jedem von uns, der sich in Höhlen begibt, kommt deswegen auch eine Schlüsselrolle zu: all denen, die sich darin nicht auskennen, die hier dargestellten Hintergründe zu erklären und auf drohende Konsequenzen bei Missachtung hinzuweisen.

Höhlen unter dem Schutz des Gesetzes

Gesetze zum Thema Höhlen

Es gibt derzeit keine Sammlung von Gesetzestexten, die speziell Höhlenangelegenheiten betrifft. Relevante Passagen finden sich im Naturschutzgesetz, im Berggesetz und anderen Gesetzen. Zu beachten ist, dass die meisten dieser Gesetze Ländersache sind und deshalb in jedem Bundesland andere Bestimmungen gelten können.

Wem gehören die Höhlen?

Dem Eigentümer des Grundstücks, auf dem der natürliche Eingang liegt, gehört die ganze Höhle. Dies gilt auch, wenn Höhlenteile unter benachbarte Grundstücke führen. Nur im Falle eines zweiten Eingangs auf fremden Grund, müssen die Eigentumsgrenzen von der Oberfläche nach unten in die Höhle hinein übertragen werden.

Zugangsregelungen

In Bayern zählen Höhlen gemäß Artikel 141, Abs. 3 der Bayerischen Verfassung zur freien Natur und stehen damit prinzipiell jedermann offen. Im Naturschutzgesetz sind sie unter besonderen Schutz gestellt. Jegliche Veränderung an Höhlen kann demnach mit hohen (Geld-) Strafen belegt werden. Besonders schützenswerte Höhlen können zusätzlich als Naturdenkmal unter Schutz gestellt werden. Für diese Höhlen gelten teilweise besondere Zugangsregelungen oder Bestimmungen. So kann etwa Karbidlicht verboten werden, oder der Zugang während der Wintermonate oder auch ganzjährig zum Schutz der gesamten Höhle oder der Fledermäuse, untersagt werden. Auch der Eigentümer des Grundstückes, auf dem die Höhle liegt, kann das Betreten der Höhle, wie auch den Zugang zu seinem Grund, unter Angabe triftiger Gründe verbieten. Er muss dies jedoch durch Schilder kenntlich machen.

Hintergrund: freiwilliger Befahrungsverzicht
Höhlenforscher verzichten im Zeitraum vom 1.Oktober bis zum 30. April aus Gründen des Fledermausschutzes auf Höhlenbefahrungen. Hintergrund ist die Tatsache, dass jede Störung in der Winterruhe für die kleinen Säuger potentiell tödlich ist. Gelegentlich wird behauptet, dass sich Fledermäuse durch Befahrungen nicht stören ließen und auf keinen Fall dadurch aufwachen würden. Dabei wird jedoch vergessen, dass die Tiere bis zu einer Stunde Zeit benötigen, um wach zu werden. Ihr Erwachen wird also schon deshalb nicht bemerkt, weil die Höhlengänger dann längst in einem anderen Höhlenteil sind.

Veränderungen an Höhlen

Was im Gesetzestext etwas trocken klingt, kann in der Realität mit eindrucksvollen Beispielen verdeutlicht werden. Das Entwenden von Tropfsteinen verändert Höhlen genauso nachhaltig, wie das Beschmieren mit Spraydosen oder das Schüren von Feuer. Wer bei solchen Handlungen erwischt wird, muss inzwischen nicht mehr nur mit Geldstrafen rechnen, wie das folgende Beispiel belegt.

Hintergrund: Verurteilung wegen Tropfsteinraubes
Mit dem Hintergedanken Zugang zu unerschlossenen Höhlen zu bekommen, traten die Täter zunächst einem Höhlenverein bei. Dessen Vertrauen ausnutzend, suchten sie sich einige vielversprechende Höhlen aus, um dort einzubrechen und Tropfsteine zu entwenden. Die Höhlenforscher kamen ihnen jedoch auf die Schliche und erstatteten Anzeige. Bei Hausdurchsuchungen durch die Staatsanwaltschaft konnten einige Tropfsteine sichergestellt werden und es blieb den Tätern nur ein Geständnis übrig. Im anschließenden Strafprozess wurde wieder einmal deutlich, wie schwierig die Anwendung geltenden Rechts auf Höhlen ist. So musste geklärt werden, inwiefern es sich um einen Einbruch im klassischen Sinne handelte, und wie der Wert der gestohlenen Tropfsteine zu veranschlagen sei. Der Richter erkannte die Tragweite der Zerstörungen und folgte der Argumentation der Höhlenforscher, wonach der ideelle Wert der geplünderten Naturschätze deutlich höher anzusiedeln sei, als der reine Materialwert. Die Angeklagten wurden zu Geldstrafen zwischen € 500 und 1.000 sowie Freiheitsstrafen zwischen 10 und 21 Monaten auf Bewährung verurteilt.

Auch alle anderen Handlungen, die auf irgendeine Weise Höhlen verändern, sind verboten. Dazu zählen Campieren mit Feuerschüren, Bemalen der Höhlenwände, Zurücklassen von Abfällen, unerlaubte Grabungen...

Selbst das Einverständnis des Eigentümer zu solchen Handlungen setzt die gesetzlichen Vorschriften NICHT außer Kraft.

Wer überwacht die Einhaltung der Gesetze?

Vielerorts gibt es inzwischen ehrenamtliche oder angestellte Mitarbeiter der Naturschutzbehörden, die vor Ort nach Umweltfrevlern auch außerhalb der üblichen Arbeitszeiten Ausschau halten. Zwar sehen sie ihre Aufgabe in erster Linie in der Aufklärungsarbeit, doch sind sie durchaus befugt, bei Missachtung der Gesetze, durchzugreifen. Wer erwischt wird, kann vorübergehend festgehalten und zur nächsten Polizeidienststelle gebracht werden. Bei der folgenden Anzeige muss mit empfindlichen Strafen gerechnet werden.

Schuldfrage und Haftung

Die Frage, wer bei Unfällen in Höhlen zur Rechenschaft gezogen wird, treibt nicht nur Höhlengänger, sondern auch Höhleneigentümer um.

Bei Höhlentouren gilt normalerweise der Grundsatz der Garantenstellung des erfahrensten Teilnehmers. Dieser ist automatisch und allein aufgrund seiner Erfahrung für die restlichen Teilnehmer verantwortlich. Dies mag vielleicht bürokratisch und altertümlich klingen, kann im Ernstfall jedoch wichtige Bedeutung erlangen. Während bei Höhlenbefahrungen mit Freunden weniger mit einer Anzeige gerechnet werden muss, kann sich dies bei geführten Touren mit fremden Personen durchaus anders verhalten. Zudem wird jeder Zwischenfall, bei dem Folgekosten entstehen, für die belastete Versicherung Anlass sein, nach einem Verantwortlichen zu suchen. Wer diese Verantwortung als erfahrenster Teilnehmer nicht übernehmen möchte, muss dies vor Beginn der Tour ansprechen. Entbindet ihn die Gruppe nicht von seiner Garantenpflicht, bleibt ihm letztlich nur die Absage der Befahrung übrig.

Garantenstellung: Der erfahrenste Gruppenteilnehmer trägt die meiste Verantwortung Foto: gs

Bei touristischen Touren unter die Erde versuchen viele Höhlenführer, die Verantwortung mit einer schriftlichen Erklärung auf die Tourteilnehmer zu übertragen. Sie müssen vor Betreten der Höhle erklären, dass sie sich der Gefahren bewusst sind und deshalb den Führer von seiner Garantenpflicht entbinden. Vor Gericht muss eine solche Erklärung jedoch nicht unbedingt anerkannt werden, weil von Unerfahrenen nicht erwartet werden kann, dass sie sich wirklich über die realen Gefahren im Klaren sind.

Die Garantenregelung kann übrigens auch greifen, wenn sich ein Teilnehmer zum "Alleswisser" aufspielt und anderen Anweisungen erteilt. Verletzt sich daraufhin jemand, der diesen durch sein Verhalten für kompetent einschätzen musste, so ist der "Alleskönner" mitverantwortlich.

Der Höhleneigentümer ist in aller Regel nicht verantwortlich, wenn in seiner Höhle ein Unfall geschieht, denn es obliegt ihm normalerweise keine Sicherungspflicht. Schließlich muss der Wanderer in der freien Natur mit Schachteingängen, Spalten und Erdfällen rechnen.

Wagt sich jemand auf eigene Faust in eine Höhle hinein, so tut er dies auf eigene Gefahr.

Versicherungen

Wer zahlt, wenn in der Höhle etwas passiert? Auch bei diesem Thema kristallisierte sich erst innerhalb der letzten zehn Jahre heraus, dass drastische Abdeckungslücken bestanden. Zwar übernehmen zurzeit noch die meisten Unfallversicherungen die Bergungskosten auch bei Höhlenunfällen (ausgenommen Höhlentauch-Unfälle), jedoch immer nur bis zu dem vertraglich festgelegten Betrag, der nicht an das individuelle Risiko angepasst werden kann. Je nach Versicherung liegt dieser meist um € 5.000. Ein Höhlenrettungseinsatz erreicht aber schnell ein Vielfaches dieses Betrages. Die Rettung einiger vom Wasser eingeschlossener Studenten in Frankreich kostete beispielsweise unlängst ca. € 350.000. Spezielle Versicherungen, die diese Kosten übernehmen, existieren nicht. Die organisierte Höhlenforschung in Deutschland hat deshalb im Verband der deutschen Höhlen- und Karstforscher (VdHK) einen Solidaritätsfonds eingerichtet, der im Einzelfall für betroffene Mitglieder einspringen kann. Informationen bekommen Sie hierzu direkt beim VdHK, Adressen finden Sie im Anhang. Um für sich einen optimalen

Nicht jeder kann sich vorstellen, was ihn unter Tage erwartet

Foto: thms

Versicherungsschutz zu bekommen, der auch Höhlenunfälle und eventuelle Folgekosten (Verdienstausfall etc.) abdeckt, sollten Sie sich von einem Versicherungsfachmann beraten lassen.

Problem: Kommerzieller Höhlentourismus

In den letzten Jahren werden nicht nur Extremsportarten immer beliebter. Es nimmt auch das Bedürfnis nach Selbsterfahrung und außergewöhnlichen Freizeitbeschäftigungen zu. Längst tummeln sich Abenteuerhungrige nicht mehr nur beim Bungeespringen und in Hochseilgärten, sondern auch in Höhlen. Unter dem Stichwort Erlebnispädagogik sind neben seriösen Veranstaltern leider auch viele rein sportlich orientierte Eventanbieter auf dem Markt. Aus vielen Gründen wird diese Entwicklung von Seiten der Höhlenforschung argwöhnisch beäugt. Höhlen, die bei solchen Touren auf dem Programm stehen, haben bereits sichtlich unter dem Menschenansturm gelitten. Um ihre Touren attraktiver zu machen, wird von unseriösen Anbietern der sportliche Kick betont und notwendige Hinweise zu Sicherheit und Höhlenschutz werden vernachlässigt. Dadurch wird die Höhle zum Sportgerät degradiert und deren "Abnutzung" billigend in Kauf genommen. Des Weiteren fallen solche Unternehmungen immer wieder durch Unfälle auf. So besteht aus Sicht der Höhlenforscher die Gefahr, dass bei steigenden Unfallzahlen und Ausgaben für Rettungen und gleichzeitig fortschreitender Zerstörung des Naturraumes Höhle, sowohl Naturschützer als auch der Gesetzgeber Handlungsbedarf sehen. Eine mögliche Folge könnte beispielsweise ein generelles Betretungsverbot für Höhlen sein, wie dies in einigen Ländern bereits der Fall ist.

Um diesem Trend entgegenzuwirken, hat der Verband der deutschen Höhlen- und Karstforscher e.V. (VdHK) ein Schulungsprogramm für Erlebnispädagogen erarbeitet, nach dem er auch ausbildet.

Vorbereitung & Planung von Höhlentouren

Eine Höhlentour (=Höhlenbefahrung) muss im Vorfeld durchdacht und geplant werden, damit sie nicht an ungenügender Vorbereitung scheitert.

Wer soll mitgehen?

Bei der Auswahl der Gruppenmitglieder sind vor allem deren Fähigkeiten ausschlaggebend. Alle Teilnehmer müssen körperlich belastbar und den geplanten Anforderungen gewachsen sein. Außerdem sollten Sie die nötigen Befahrungstechniken beherrschen. So kann eine Schachtbefahrung nicht unternommen werden, wenn einzelne Personen noch nie ein Seil in Händen hatten. Auch gesundheitliche Probleme sind immer ein Grund, die Tour abzubrechen. Eine bereits vorher verstauchte Hand, wird durch eine anstrengende Höhlenbefahrung genauso wenig besser wie eine starke Erkältung. Jeder, auch Sie selbst, sollte sich also vor der Höhlentour fragen, ob man sich ausreichend fit fühlt. Im Zweifelsfall gilt es auf der sicheren Seite zu bleiben und lieber einmal abzusagen oder umzukehren, bevor unnötige Risiken eingegangen werden. Auch Restalkohol und ein ordentlicher Kater vom Vorabend, sollten nicht unterschätzt werden. Allein starke Kopfschmerzen können derart ablenken, dass Sie in schwierigen Passagen nicht genügend Konzentration aufbringen können. Auch Übelkeit und Kreislaufprobleme sind ernst zu nehmende Gründe eine Höhlenbefahrung abzubrechen. Sprechen sie gesundheitliche Probleme in Ihrer Gruppe an. Es ist sinnvoll, wenn bekannt ist, welche Erkrankung ein Teilnehmer hat, oder welche Medikamente er einnehmen muss, damit im Ernstfall reagiert werden kann.

Grundsätzlich sollte jeder, der in Höhlen geht, seinen Impfstatus überprüfen. Vor allem der Schutzimpfung gegen Tetanus (Wundstarrkrampf) kommt größte Bedeutung zu (Auffrischung alle 10 Jahre). Aber auch eine Impfung gegen FSME (Frühsommer-Meningo-Enzephalitis), die von Zecken übertragen wird, ist zumindest in Endemiegebieten sinnvoll.

Es sollte auch nur der mitgehen, der mit der geplanten Tour grundsätzlich einverstanden ist. Um Enttäuschungen und Missverständnissen vorzubeugen, empfiehlt es sich, die Planung vorher mit allen Teilnehmern zu besprechen.

Wohin soll's gehen?

Bevor Sie losziehen, sollten Sie sich und den anderen Tourteilnehmern wichtige Informationen beschaffen. Jeder freut sich, wenn er bereits vorher von dem Schacht in der Höhle erfährt, und nicht erst, wenn er vor ihm steht und keine entsprechende Ausrüstung dabei hat. Auch derjenige, der zum Abseilen das Seil befestigt, benötigt wichtige Details über den Schacht bereits beim Einpacken des Materials. Wichtig sind die Tiefe für die richtige Seillänge, die Art und Anzahl der Aufhängungen und ob es sich um einen Direktschacht (eine Abseilstrecke) handelt, oder ob im Abstieg Umsteigstellen (von einem auf das nächste Seil) notwendig sind. So kann er abschätzen, wie viele Karabiner er mitnehmen muss.

PRAXIS: Der Teufel steckt im Detail!
Über viele Jahre war es üblich, neue Seilstrecken mit eingebohrten Ankern der Größe 8 einzurichten. Für die dazugehörenden Schraubenmuttern hatte jeder den passenden Ring- oder Gabelschlüssel der Größe 13 dabei. Vor nicht allzu langer Zeit kamen zusätzlich die größeren 10er-Anker für höhere Zug- und Bruchlasten in den Gebrauch. Um mit diesen wesentlich stärkeren Fixpunkten arbeiten zu können, werden größere Laschen und Schraubschlüssel, Größe 17, benötigt. Laschen, mit Bohrung für Größe 8, lassen sich nicht über das deutlich dickere Gewinde der neuen Anker schieben. Will man also böse Überraschungen beim Einbau von Abseilstrecken vermeiden, empfiehlt es sich, auch über die Art der eingebohrten Fixpunkte zu informieren.

Die meisten Informationen können einem Höhlenplan entnommen werden. Dieser stellt ein maßstabsgetreues Abbild der Höhle auf Papier dar. Gangdimensionen, Höhenunterschiede, Abstiege und Ähnliches werden auf ihm dargestellt. Auch Wasser- (Siphons, Höhlenbäche etc.) und Eisvorkommen sowie Gefahrenpunkte sind zu erkennen. Um noch genauere Informationen zu erhalten, was einen in der Höhle erwartet, sollten ortskundige Höhlenforscher befragt werden und gegebenenfalls bei Höhlenkatastern angefragt werden. In diesen finden sich alle wichtigen Angaben zur Höhle sowie weiterführende Literatur. Von Interesse sind beispielsweise folgende Fragen: Wie lange dauert die Befahrung? Werden zusätzlich zur Grundausrüstung weitere Materialien benötigt (zum Beispiel Seiltechnik, Ausrüstung für Eis- oder Wasserhöhlen)?

Aus eigener Erfahrung kann ich nur empfehlen, sich möglichst detaillierte Informationen über die Lage des Höhleneingangs und den Zustieg zu besorgen. Einige Höhlentouren konnten nur deshalb nicht stattfinden, weil der Eingang nicht gefunden wurde. Aussagen, wie "Dort parken, dann links durch den Wald laufen und nach einer halben Stunde... " führen meist dazu, dass der Wald "links" in mehreren Stunden vergeblichen Suchens gut erkundet wird. Nur selten wird dabei aber auch die gesuchte Höhle entdeckt. Gute Zugangsbeschreibungen erklären jede Kleinigkeit im Wegverlauf und sind deshalb zielführender. Leider werden aber oft markante Landschaftsgegebenheiten zur Orientierung erwähnt, die nicht von Dauer sind. Aus Feldern werden beispielsweise Wiesen oder Brachland und Bäume mit Wegmarkierungen lassen sich auch umsägen. Deutlich verlässlicher ist deshalb eine Koordinate, welche die genaue Lage des Eingangs angibt. In Zeiten immer besser werdender GPS-Handempfänger (Global Positioning System), wird so die Suche nach dem Höhleneingang zum Kinderspiel. Aller Euphorie zum Trotz muss aber leider festgestellt werden, dass die Leistung dieser Satellitenempfänger unter realistischen Bedingungen, etwa in dichtem Laubwald oder vor großen Felswänden, durchaus noch an ihre Grenzen stößt. Deshalb sollte dem GPS-System (noch) nicht völlig blind vertraut werden. Vielmehr müssen die Ergebnisse kritisch hinterfragt werden. In Zweifelsfällen führt oft kein Weg daran vorbei, die Lage der Höhle anhand einer topografischen Karte zu bestimmen. Dass die Koordinate stimmt, ist natürlich die Voraussetzung für eine erfolgreiche Suche. Ob sie falsch ist, erfahren Sie aber erst, wenn an der angegebenen Stelle weit und breit kein Eingang zu sehen ist.

Gut gepackt ist halb gewonnen...

Beim Vorbereiten und Packen des Materials wäre es praktisch, ein Gehirn so zuverlässig wie ein Computer zu besitzen. Dass dies leider nicht so ist, zeigt sich meist schon vor der Höhle. Nämlich dann, wenn der Erste feststellt, dass er seine Schuhe, die Lampe, einen Gürtel oder seinen Kopf zu Hause vergessen hat. Besonders ärgerlich ist dies, weil es die Entfernung meist nicht erlaubt, noch mal schnell nach Hause zu fahren. In dieser Situation bleiben nur zwei Möglichkeiten: Die Tour abbrechen und die eigene Dummheit zu beweinen oder in Kauf zu nehmen, dass etwas Wichtiges fehlt. Beides ist wenig reizvoll, daher sollte dem Pa-

Sorgfältiges Packen erspart Ärger in der Höhle
Foto: sw

cken und Zusammenstellen des Materials besondere Aufmerksamkeit gewidmet werden. Für große Touren kann z. B. das Führen einer Materialliste sinnvoll sein. So planen Sie bereits lang vorher, was alles mit muss und wenn es so weit ist, packen Sie nach Liste ein. Nach der Tour können Sie sich dann auch noch mal, anhand dieser Packliste, Gedanken über den einen oder anderen Gegenstand machen, ob dieser berechtigterweise mitgeschleppt wurde, oder nicht.

Daran sollten Sie auch noch denken...

Jemand sollte wissen, wo Sie sind, damit etwas unternommen werden kann, wenn Sie nicht mehr auftauchen. Stellen Sie sich vor, Sie stürzen in der Höhle auf Ihren einzigen Begleiter und brechen sich dabei beide ein Bein. Sind Sie nicht mehr selbst in der Lage heraus zu kommen und weiß niemand, dass Sie in einer Höhle sind, dann wird vermutlich keiner in genau dieser Höhle nach Ihnen suchen. Über jede Tour sollte deshalb ein Vertrauter informiert werden. Wichtig ist, den Namen der Höhle und deren nächste Ortschaft (viele Höhlen haben gleiche oder ähnliche

In einer Querung *Foto: thms*

Namen) und bei Großhöhlen den Höhlenteil, den Sie befahren wollen, mitzuteilen. Außerdem sollte erwähnt werden, aus welchen Teilnehmern sich die Gruppe zusammensetzt, wann Sie vorhaben sich zurückzumelden und was zu tun ist, wenn diese Rückmeldung ausbleibt. In der Realität ist dieses theoretische Modell mit einigen Schwierigkeiten behaftet. So sollte die Zeitangabe, wann Sie sich wieder melden wollen, mit etwas Toleranz versehen sein. Sonst würde unter Umständen jede halbe Stunde, um die Sie sich bei der Befahrungsdauer verschätzt haben, bereits zu einer Alarmierung führen. Auch, weil die Rückmeldung überhaupt vergessen wurde, gab es bereits Alarmierungen der Höhlenrettung. Entgegen allen Befürchtungen saßen die Betroffenen bereits wieder zu Hause im Warmen. Von allen Seiten ist hier also umsichtiges Handeln und ein gehöriges Maß an Zuverlässigkeit gefordert.

PRAXIS: Vermisstenmeldung

Gegen 22:00 nachts erreicht die Mitglieder des örtlichen Höhlenvereins ein aufgeregter Anruf. Der Nachbar war bereits in der Früh zu einer Höhlentour aufgebrochen und bisher nicht mehr aufgetaucht. Ehrenamtliche Höhlenretter, die noch in derselben Nacht die genannte Höhle durchkämmen, können niemanden finden. Auch die Polizei bleibt bei der Suche nach dem PKW des Vermissten erfolglos. In der Annahme, dass vielleicht der Höhlenname falsch verstanden wurde, beginnen die Höhlenretter, weitere Höhlen mit ähnlichen Namen in die Suche einzubeziehen. Noch bevor die Suche überregional ausgeweitet wird, meldet sich der Gesuchte per Telefon aus dem Ausland. Während den Vorbereitungen zur Höhlentour kam ihm offenbar ein Urlaub dazwischen. Er hatte nicht damit gerechnet, dass sich jemand Sorgen machen könnte.

Ausrüstung

Eine Höhlenbefahrung unterscheidet sich grundlegend von anderen Outdoor-Aktivitäten. Es fehlt das Tageslicht, und im Gegensatz zu Nachtwanderungen, gibt es in Höhlen kein Restlicht. In dieser absoluten Finsternis müssen Sie klettern, Canyons überqueren und sich durch enge Röhren quetschen. Wasser, Lehm, Schlamm und Kälte werden schnell unangenehm, wenn die Ausrüstung nicht stimmt.

Was zieht man unter Tage an?

Früher sahen Höhlenforscher aus wie Bergsteiger. Kniebundhose, Wollweste und Filzhut. Die Ansprüche an funktionelle Kleidung wurden jedoch größer und auch der Fortschritt in der Textilindustrie ermöglichte es, maßgeschneiderte Schutzkleidung für die Höhlenforschung zu entwickeln. Das Ergebnis wird "Schlaz" (Schlufanzug) genannt. Schlaze sind wie Overalls gefertigt und schließen vorne meist mit einem Klettverschluss. Inzwischen gibt es zahlreiche Ausführungen von verschiedenen Herstellern. Lassen Sie sich deshalb fachkundig beraten. Folgende Überlegungen sind beim Schlazkauf wichtig: Absolut wasserdichte Schlaze, beispielsweise aus PVC, lassen weder Wasser rein noch raus. Wenn Sie bereits bei kleinen Anstrengungen stark schwitzen, staut sich die Feuchtigkeit und Sie kühlen schneller aus. Sollten Sie nicht ständig in sehr nassen Höhlen unterwegs sein, genügen beschichtete Gewebearten, wie Polyamid, die etwas atmungsaktiver, leichter und dadurch auch flexibler sind. Wichtig ist: Achten Sie auf verschleißgefährdete Stellen, wie Knie, Ellbogen und Po. Eine zusätzliche Materialverstärkung ist hier durchaus sinnvoll.

Der Schlaz schützt vor Dreck
Foto: thms

Taschen sollten möglichst so angebracht sein, dass Sie in engen Höhlenpassagen nicht an ihnen hängen bleiben. Als besonders praktisch hat sich eine Brusttasche zum Aufbewahren kleiner Utensilien, wie Taschentuch und Feuerzeug, erwiesen.

Was trägt man unter dem Schlaz?

In unseren Mittelgebirgen beträgt die Temperatur in Höhlen 8 bis 9 °C, in Gebirgshöhlen ist es noch kälter. Der Schlaz allein schützt nicht gegen Kälte. Eine zusätzlich sinnvolle Investition ist deshalb ein "Unterschlaz". Hinter dem einfallsreichen Namen verbergen sich Ganzkörperanzüge, die meist aus Fleecegewebe sind und unter dem Schlaz angezogen werden. Je stärker das Gewebe, desto wärmer sind sie. Zusätzlich kann unter ihnen auch noch Thermowäsche getragen werden, wenn es in der Höhle besonders kalt ist. Hosen und Pullover verrutschen unter dem Schlaz leicht und machen Sie dadurch dicker als Sie sind. So mancher blieb schon in einer engen Spalte an einer solchen Pulloverwulst hängen. Außerdem schaffen Unterschlaze ein gutes Körperklima, bei dem die Feuchtigkeit durch das Fleece hindurch nach außen dringen kann.

Welche Schuhe sind höhlentauglich?

Meist werden Gummistiefel oder Bergschuhe getragen. Beide haben Vor- und Nachteile. Bergschuhe bieten optimalen Sitz und haben das griffigere Profil. So sind sie bei allen Arten von Klettereien den Gummistiefeln überlegen. Ein Nachteil liegt vor allem darin, dass sie in Höhlen relativ schnell durch scharfe Felszacken und Dreck verschleißen. Deshalb sind vielen Höhlengängern ihre teuren Bergschuhe für die Höhle zu schade. In sehr schmutzigen Höhlen und Wasserhöhlen sind Gummistiefel von Vorteil, weil in ihnen die Füße länger trocken bleiben. Sie müssen aber deshalb nicht immer zwei Paar Schuhe mit in die Höhle nehmen. Steht von Anfang an fest, dass es in der Höhle sehr nass ist, entscheiden Sie sich für Gummistiefel. In allen anderen Fällen sind Bergschuhe sicherer. Eine Ausnahme bilden die teureren Wandergummistiefel oder Forststiefel. Nicht nur eine feste Sohle, sondern auch besserer Sitz und angenehmerer Tragekomfort, lassen sie qualitativ den Bergschuhen recht nahe kommen.

Für die Hände

Handschuhe müssen vor den kleinen Widrigkeiten der Höhle schützen: Nässe und Kälte lassen die Finger steif und gefühllos werden. Lehm und Wasser machen

Hände rutschig. Deshalb sind Handschuhe nicht ein Zeichen von "ich möchte mich nicht dreckig machen", sondern können zur eigenen Sicherheit beitragen. Auch bei Handschuhen gibt es für alle erdenklichen Situationen das richtige Paar. Sehr praktisch sind beispielsweise Fahrradhandschuhe. Sie schützen den Handteller und halten ihn gleichzeitig warm. Die Finger kühlen dadurch nicht so schnell aus, das nötige Fingerspitzengefühl bleibt erhalten. Beim Klettern und auch bei der Einseiltechnik sind sie deshalb sehr von Vorteil. Wer schon mal versucht hat, mit zu großen Arbeitshandschuhen einen Knoten zu legen weiß, wie schwierig das ist. Auch wer sich schon mal an einem zu schnell laufenden Seil die Hand verbrannt hat, wird in Zukunft Handschuhen tragen. Fahrradhandschuhe und auch die neueren Klettersteighandschuhe kombinieren beides. Wasserdicht wie Garten- oder Industriehandschuhe sind sie aber leider nicht. Deshalb sind Gummihandschuhe wiederum in schlammigen Höhlen praktischer. Ideal sind beispielsweise feste gummierte Schutzhandschuhe aus der Industrie. Solche gibt es auch mit flauschigem Innenfutter und extra griffiger Oberfläche. In Eishöhlen können unter diesen auch noch dünne Fleecehandschuhe getragen werden, wenn die Überhandschuhe eine Nummer größer sind. Egal für welche Art von Handschuhe Sie sich entscheiden, achten Sie darauf, dass sie gut sitzen und reißfest sind.

Für den Kopf

Dass der Mensch seine Freizeit in Höhlen verbringt, hat die Evolution offenbar nicht vorgesehen. Sonst würden wir uns besser in der Dunkelheit zurechtfinden und weniger oft den Kopf anstoßen, weil die Höhlendecke zu niedrig ist. Wir können aber weder uns kleiner, noch die Höhlen größer machen. Deshalb muss der Kopf mit einem Helm geschützt werden, der Sie natürlich nicht nur vor zu niedrigen Decken, sondern auch vor Steinschlag bewahrt. Hierzu gibt es spezielle Speläohelme. Wie Kletterhelme müssen sie sich für optimalen Sitz der individuellen Kopfform anpassen lassen. Ein Kinnriemen gewährleistet, dass der Helm auch bei Stürzen und Steinschlag auf dem Kopf bleibt und nicht heruntergerissen wird. Anders als beim Klettern haben diese Helme jedoch keine oder nur spärliche Lüftungsöffnungen, da durch sie Schmutz und Wasser eindringen kann. Neben dem Kopfschutz erfüllt der Helm aber noch eine weitere wichtige Aufgabe: An ihm wird die Lampe befestigt. Für die unterschiedlichen Lichtsysteme existieren eigene Helmhalterungen. Nur bei Komplettangeboten ist die Lampe schon am Helm montiert. In allen anderen Fällen sind Sie selbst für die Befestigung zuständig. Um unnötige Beschädigungen des Helmes zu vermeiden, sollten Sie ihren Helm nur von einem Fachmann umbauen lassen. Unsachgemäße Bohrungen können zu einem Verlust an Stabilität führen.

Das Licht

Kerzen und Fackeln sind aus Gründen des Höhlenschutzes verboten und sowieso für Gartenpartys geeigneter. Grundsätzlich lassen sich zwei Formen von Höhlenlampen unterscheiden: Karbidlampen und Elektrobeleuchtung. In nicht alpinen Höhlen nimmt die Verwendung von Karbid immer mehr ab. Grund hierfür dürfte vielleicht die etwas umständlichere Handhabung sein, und die Tatsache, dass eine gute Elektrobeleuchtung dem Karbidlicht inzwischen ebenbürtig ist. Generell müssen Sie für jede Höhlentour mindestens zwei voneinander unabhängige Lichtquellen einpacken. Als Ersatzlicht kann z. B. eine Stablampe oder eine Stirnlampe dienen. Wichtig ist, dass diese im Ernstfall, also wenn plötzlich das Hauptlicht ausfällt, gut erreichbar ist. Am Seil hängend dürfte es beispielsweise schwierig werden, mal eben die ganze Ausrüstung zu durchsuchen, zumal es dann ja auch noch finster ist. Auch beim Ersatzlicht ist von offenem Licht abzuraten. Feuerzeuge verschmieren mit Lehm, Streichhölzer saugen sich durch die Luftfeuchtigkeit voll Wasser. Für Elektrolicht sollten Sie an genügend Ladung Ihrer Akkus, Ersatzbatterien sowie Ersatzbirnchen zum Tausch denken.

Elektrische Beleuchtung

Es ist empfehlenswert, sich vor dem Kauf einer eigenen Höhlenlampe von Freunden und Fachleuten beraten zu lassen. Grundsätzlich gibt es fertige Helmlampen mit der Energiequelle am Helm, und solche, deren Akku am Gürtel hängt und ein Kabel zur Helmlampe führt. Weil diese Produkte jedoch selten günstig sind, bauen viele Höhlenforscher ihre Lampen selbst. Dadurch kann Geld gespart und manchmal auch bessere Leistung erzielt werden. Es gibt Höhlenvereine, die sich auf ein eigenes System geeinigt haben, so dass alle Mitgliederlampen kompatibel sind. Sie sollten sich also vorher einmal umhören, welche Lampen von Freunden und Bekannten verwendet werden.

Reine Helmlampen haben den Vorteil, dass weder ein Kabel vom Helm zur Hüfte führt noch ein sperriger Akku am Gürtel hängt. Leider haben diese Lampen, die oft mit 1,5V Mignon Batterien versorgt werden, meist nur wenige Stunden volle Lichtleistung. Es müssen also immer genügend Ersatzbatterien, besser Akkus, mitgenommen werden. Wem das zu lästig ist, und wer sich nicht an der Größe stört, kann auf eine Akkulampe am Gürtel ausweichen. Diese haben durch höhere Kapazität nicht selten 8 Stunden volle Lichtleistung oder mehr.

In jedem Fall wäre es ratsam, in der Lampe, zusätzlich zum normalen Licht, noch ein "Energiesparbirnchen" schwächerer Leistung zu integrieren. So kann beispielsweise während einer Pause das Licht abgeschwächt und Energie gespart werden. Gleichzeitig haben Sie auch ein Notlicht, wenn etwa das Hauptbirnchen durchgebrannt ist. Trotzdem ist dies kein vollwertiges Ersatzlicht, weil es von derselben Energiequelle versorgt wird! Machen Sie sich noch vor dem ersten Einsatz der Lampe mit deren Handhabung vertraut. Im Notfall müssen Sie in den unpassendsten Situationen Batterien wechseln, oder ein Birnchen tauschen können.

Eine Neuentwicklung revolutioniert derzeit das elektrische Höhlenlicht: LED! Die anfangs noch recht schwachen Leuchtdioden waren bestenfalls als Notlicht einsetzbar und konnten nur wenige Höhlenforscher begeistern. Inzwischen hat die Technik jedoch Fortschritte gemacht und Kombinationen von 3, 5 oder sogar 8 Einzel-LED kommen an die gewohnte Lichtausbeute schon nah heran. Besonders attraktiv ist der enorm geringe Energieverbrauch, wobei mit herkömmlichen Akkus oft weit über 100 Stunden Leuchtdauer garantiert werden können. Von vielen wird jedoch das kaltweiße, monochromatische Licht als unangenehm empfunden. Gerade wenn in einer Gruppe auch hellere Lampen verwendet werden, können sich die Augen nur schwer an das andersfarbige Licht gewöhnen. Auch der hohe Preis solcher LED Lichtsysteme schreckt noch viele Interessierte ab. Es muss jedoch bedacht werden, dass LED normalerweise eine deutlich höhere Lebenserwartung als beispielsweise Halogenbirnchen haben und auch insgesamt weniger störanfällig sind.

Bei Ihrer eigenen Elektrobeleuchtung sollten Sie die Brenndauer einschätzen können. Zur Kalkulation des Energiebedarfs oder der Befahrungsdauer folgen Höhlenforscher folgender Regel: Ein Drittel der Energiekapazität wird für den Weg in die Höhle hinein veranschlagt, ein weiteres Drittel für den Rückweg und das letzte Drittel als Reserve für unvorhergesehene Zwischenfälle. Das notwendige Ersatzlicht bleibt von dieser Regel unberührt. In der Praxis bedeutet dies, dass wenn nur ein Akku mit 9 Stunden Kapazität als Hauptbeleuchtung verwendet wird, nach 3 Stunden Befahrungsdauer der Rückweg angetreten werden muss.

Karbidlicht

Vor einem halben Jahrhundert kannte noch jeder Karbid. Zimmerbeleuchtung und Fahrradlampen funktionierten mit den kleinen grauen Steinchen.

Was ist Karbid eigentlich?

Kalziumkarbid (CaC_2) wird künstlich im elektrischen Lichtbogenofen zwischen 2.000° und 2.200°C hergestellt. Reaktionspartner sind Koks und gebrannter Kalk (Kalziumoxid). Flüssig abgestochen, wird das abgekühlte Kalziumkarbid in verschiedene Körnungen zerkleinert. In der Lampe reagiert es durch Zugabe von Wasser zu Azetylengas und gelöschtem Kalk.

Bei der energieaufwändigen Herstellung entsteht nur zu 80 bis 85% Karbid. Der Rest besteht aus Verunreinigungen, wie Kalziumphosphid, Kalziumsulfid und Kalziumnitrit, die während der Reaktion entstehen. Diese ungewünschten Beimengungen reagieren mit Wasser und verursachen dabei die unpraktischen Eigenschaften bei der Anwendung unter Tage. So entsteht neben dem stark schleimhautreizenden Ammoniak, auch Wasserstoffsulfid (Geruch nach faulen Eiern) und hochgiftiges Phosphin, welches in der Schädlingsbekämpfung verwendet wird.

Mit Karbidlampen in einer aktiven Wasserhöhle

Foto: hw

Praxis: Unfreiwillige Sprengung

Azetylen (Ethin) ist ein hochentflammbares Gas, weshalb Karbid auch einer Gefahrenstoffverordnung unterliegt. Wie gefährlich dieses Gas auch in der privaten Anwendung rund um die Höhlenlampe sein kann, soll folgendes Beispiel verdeutlichen:

Auf dem Abstieg von einer Höhlentour zu den Autos explodierte plötzlich ein Rucksack auf dem Rücken eines Teilnehmers. Die Karbidlampe war zwar ausgedreht, es strömte aber noch etwas Azetylen aus und sammelte sich, weil es schwerer als Luft ist, am Boden des Rucksacks. Durch eine ruckartige Bewegung muss ein Funken entstanden sein, der das explosive Gasgemisch zündete. Als Folge war nicht nur der Rucksack zerfetzt, sondern auch das Hörvermögen des Trägers durch das Knalltrauma für eine knappe Woche vermindert.

Fazit: Lampen erst ausleeren oder so transportieren, dass Gas abfließen kann. Größte Vorsicht ist im Umgang und auch bei Lagerung angezeigt. Karbid, Feuchtigkeit und Funken können zusammen Bärenkräfte entfalten.

Wie funktioniert eine Karbidlampe?

Die meisten heute verwendeten Karbidlampen bestehen aus einer Brennereinheit, zu der das Gas über einen Schlauch geführt wird, und dem Karbidentwickler, in dem das Gas gebildet wird. Die Brennereinheit ist am Helm montiert und hat zur besseren Lichtstreuung meist einen Reflektor hinter der Brennerdüse. Mit dem Piezozünder (siehe unten) wird die Flamme entzündet.

Hintergrund: Was ist ein Piezozünder?

In bestimmten Kristallen kommt es bei Druckänderung zu einer Ladungsträgertrennung. Zwischen zwei Kristallflächen entsteht dabei eine elektrische Spannung. Bei der Piezozündung werden Halbleiterkristalle, die einem komplizierten Sinterverfahren unterzogen wurden, so genannte Piezoxide (Valvo) verwendet. Durch verhältnismäßig geringe zugeführte mechanische Energie werden Spannungen von 15kV (!) erzeugt und ermöglichen durch einen Funken die Zündung des Azetylengases.

Der Karbidentwickler hängt in der Regel am Gürtel und besteht aus zwei Teilen. Im abschraubbaren Unterteil liegt das Karbid (1), im Oberteil ist das Wasserreservoir (2). Mit einer Dosierspindel (3) kann die Tropfgeschwindigkeit reguliert

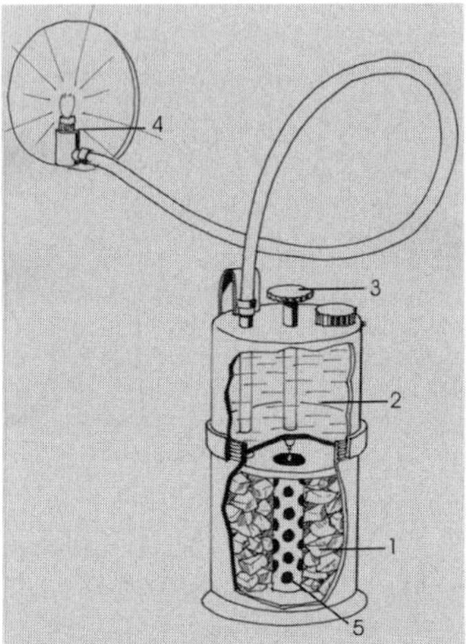

Karbidentwickler

Zeichnung: F. Leja

werden, mit der das Wasser auf das Karbid tropft und so zur Azetylenentwicklung führt. Das Gas strömt in einem Steigröhrchen durch den Wassertank hindurch und weiter durch den Schlauch zur Brennerdüse (4). Da das Karbid nach der Reaktion aufquillt und wie feuchter Sand verklumpt, sollte es nach Möglichkeit von unten nach oben mit Wasser in Berührung kommen, sonst kommt es zu unstetem Gasfluss. Deshalb haben die meisten Karbidentwickler ein Tropfröhrchen (5), in dem der Wassertropfen durch das Karbid bis zum Grund fällt. So kommen zuerst die unteren Schichten mit dem Wasser in Berührung.

Praxis: Karbidlampe

Mehrfach habe ich bereits erlebt, dass schlecht funktionierende Karbidlampen ganze Höhlentouren vermasselt haben. Deshalb hier einige Tipps:

Wenn Sie sich eine Karbidlampe zulegen, achten Sie darauf, dass die Dichtung zwischen Behälter und Oberteil in Ordnung ist. Dort kann sonst Gas austreten und an der Lampe kommt zu wenig davon an. Achten Sie auf ein Tropfröhrchen im Behälter und einen Schwamm als Filter, der über dem Karbid liegt und so verhindert, das verbrauchtes Karbid die Gasleitung verstopft. Dieser kann auch leicht selber zugeschnitten werden und sollte nur einigermaßen hitzefest sein.

Wenn Sie Ihre Lampe einsatzbereit machen, sollten Sie nicht zu viel Karbid hineinfüllen. Ein halb voller Behälter reicht völlig, denn Karbid quillt auf und bei zu viel Füllung geht die Lampe schneller aus, weil der Platz zum Ausdehnen fehlt. Denken Sie an genügend Reservekarbid und nehmen Sie auch Wasser zum Nachfüllen mit. Bitte nehmen Sie Rücksicht auf Höhlentiere und tauchen Sie niemals zum Nachfüllen Ihre Lampe in Sinterbecken, denn an der Außenseite des Entwicklers haften fast immer Karbidreste. Vergessen Sie auch nicht einen Behälter für das Altkarbid mitzunehmen, in dem Sie es aus der Höhle transportieren können. Dieser sollte ein kleines Bohrloch haben, damit sich kein Überdruck durch Restausgasung bilden kann. Um den Karbidwechsel so schnell und sauber wie möglich zu gestalten, bieten sich Damenstrümpfe an, normale alte Nylonsöckchen oder Strumpfhosen. In diese können Sie bereits vor der Tour das Karbid in Portionen abfüllen. Natürlich müssen sie diese Päckchen noch wasser- und luftdicht verpacken. Beim Karbidwechsel in der Höhle können Sie das Altkarbid im Strumpf dann wieder rausnehmen und gleich durch das nächste zugeknotete Karbidsöckchen ersetzen. So ersparen Sie sich eine Menge Staub und Dreck.

Eine Lampenfüllung hält im Durchschnitt vier bis fünf Stunden. Sie können die Brenndauer verlängern, indem Sie eine Düse mit kleiner Öffnung verwenden und die Wasserspindel nur etwa eine Dreiviertel- Drehung geöffnet haben. Regelmäßiges Auskratzen der Brennerdüse mit einem Brennerputzer (Draht) sorgt für weniger Rußbildung und helleres Licht.

Zu Beginn der Tour dauert es oft einige Zeit, bis die Karbidlampe richtig brennt. Die ersten Wassertropfen befeuchten zunächst das Tropfröhrchen und müssen den Schwamm durchtränken. Erst danach kommt Wasser mit Karbid in Berührung. Drehen Sie also die Wasserspindel schon einige Minuten bevor Sie die Höhle betreten auf. Wenn Sie erst in der Höhle aus Ungeduld weiter als nötig aufdrehen, wird die Flamme riesig und Sie verschenken kostbares Gas.

Nach der Tour empfehle ich gründliche Pflege der Karbidlampe. Nur wenige Ausrüstungsgegenstände nehmen es einem übel, wenn sie nicht mit Liebe und Hingabe gepflegt werden. Karbidlampen schon. Das alkalische Karbid ätzt und Dreck und Ruß verstopfen Düsen und Dichtungen. Sie tun sich selbst einen großen Gefallen, wenn Sie Ihre Lampe nach der Tour ordentlich säubern.

Noch eine Überlegung zu Karbid und Elektrolicht

Karbidlampen sind wegen ihrer angenehmen Lichttemperatur, dem guten Raumlicht und der langen Brenndauer noch immer sehr beliebt. Dennoch sollte ihre Verwendung nicht völlig unkritisch propagiert werden. Wenn wiederaufladbare Systeme verwendet werden, ist Elektrobeleuchtung nicht nur ökologisch sinnvoller, sondern sicherlich auch gesünder. Keine Frage, dass es Einsatzgebiete gibt, in denen die Vorteile des Karbids überwiegen. Akkus laden ist beispielsweise im Hochgebirge meist nicht möglich, außerdem sind sie zu schwer, wenn auf das Gepäckgewicht geachtet werden muss. Nur wenig sinnvoll ist die Verwendung von Karbidlicht dagegen in den kleinen und mittelgroßen Höhlen der deutschen

Mittelgebirge. Für einige Höhlen existieren auch schon explizite Verbote für das Betreten mit offenem Licht. Dies unter anderem deshalb, weil dort durch unsachgemäße Handhabung viel zerstört wurde. Davon zeugen Altkarbidhaufen und angerußte Decken. Vor lauter Begeisterung über die Tropfsteine vor ihnen, vergessen offenbar viele, dass an ihrem Helm eine Flamme brennt, und schwärzen dabei den Sinter über sich. Apropos Altkarbidhaufen: Natürlich müssen auch Altbatterien entsprechend entsorgt werden und dürfen weder in der Höhle noch davor einfach weggeworfen werden.

Checkliste: Was muss ich für eine Höhlentour einpacken?

- Schuhe
- Schlaz/Unterschlaz
- Handschuhe
- Helm
- Lampe
- evtl. Gürtel
- Ersatzlicht, Ersatzakku - Karbid/Wasser
- Wenn nötig: Ausrüstung für Einseiltechnik, siehe Kapitel 7
- Erste Hilfe Set (Was da drin sein muss, erfahren Sie auf Seite 104)
- Höhlenplan
- Vielleicht etwas zu essen? (Schokoriegel, Brötchen...), etwas zu trinken?
- Fotoapparat
- Mobiltelefon für Notfälle

Wie transportiere ich meine Ausrüstung?

Die Evolution des Bergrucksacks für Höhlen dauerte nur wenige Jahre. Es entstand der Schleifsack. Er ist aus robustem PVC oder LKW- Plane genäht und zumindest annähernd wasserdicht. Wie ein Rucksack hat er Schulterträger, doch kann er in engen Passagen auch an einem Stück Reepschnur hinter sich hergezogen werden. Wo Frau und Mann durchpasst, kann auch der Schleifsack nachgezogen werden, im Gegensatz zu normalen Rucksäcken, die mit ihren Taschen und Schlingen zuverlässig an jedem Vorsprung hängen bleiben.

Höhlen befahren

Vielleicht haben Sie schon mal irgendwo den Begriff "Höhlenbefahrung" gelesen und sich gefragt, womit denn in Höhlen gefahren wird. Historisch ist diese Bezeichnung aus dem Bergbau übertragen worden. Dort werden Stollen und Schächte wirklich mit Fahrzeugen "befahren". Die Bezeichnung Höhlenbefahrung fasst alle Fortbewegungsarten zusammen, die durch die unterschiedlichen Höhlenformen notwendig werden. Im Folgenden sollen vor allem Befahrungstechniken erklärt werden.

Laufen will gelernt sein...

Damit wir uns sicher in Höhlen bewegen können, müssen wir genügend sehen. Das klingt trivial, doch in der Praxis werden Sie sehen, wie schwierig es ist, bei schwacher Beleuchtung sicheren Tritt zu finden. Generell gilt, dass auch in ebenen Höhlenteilen jeder Schritt mit Vorsicht ausgeführt werden muss. Wer läuft und gleichzeitig in der Höhle herumschaut, übersieht womöglich ein Loch, in das er hineinfallen könnte. Es ist wichtig sich zu überzeugen, ob ein Tritt oder Griff genügend Sicherheit bieten kann.

Im Zweifelsfall, beispielsweise wenn der Weg über rutschige Felsblöcke führt, ist es keine Blamage, sich mit den Händen abzustützen und zur Not auch auf allen Vieren zu gehen. Wie glatt schräger Fels sein kann, weiß man leider erst richtig einzuschätzen, wenn man schon mal darauf ausgerutscht ist.

Blöcke, Felsplatten und Schutt können verrutschen oder unter Belastung kippen und müssen deshalb besonders vorsichtig betreten werden. Springen ist in Höhlen extrem gefährlich, weil Rutschgefahr und schlechte Sicht ein sicheres Aufkommen am Boden unmöglich machen. Schnell ist ein Knöchel verstaucht oder ein Außenband überdehnt. Die Gefährlichkeit der durch Unachtsamkeit entstehenden kleineren Verletzungen wird gerne unterschätzt. Wenn Sie sich beim Einkaufen in der Stadt oder auch beim Spaziergang im Wald den Fuß verstauchen, so ist das ärgerlich und alles andere als angenehm. Passiert dasselbe in einer Höhle, kann dies bedeuten, dass Sie nicht mehr ohne fremde Hilfe ans Tageslicht kommen.

Schlufen

Als Schluf werden enge Gangabschnitte bezeichnet, durch die Sie sich gerade noch hindurch quetschen oder kriechen (schlufen) können. Was manche noch als Gang bezeichnen, und andere schon als Schluf, ist sehr unterschiedlich. Wie eng oder wie geräumig ein Höhlenraum empfunden wird, hängt schließlich von den eigenen Körpermaßen und zu einem Großteil von psychischen Faktoren ab. Während es engpassfreudige Höhlengänger gibt, die erst aufhören, wenn sie fast schon feststecken, so ist bei allen anderen der Übergang von leichten Beklemmungsgefühlen bis hin zur echten Klaustrophobie fließend. Die Klaustrophobie [= Angst in geschlossenen Räumen], die oft fälschlicherweise als "Platzangst" [=Agoraphobie, Angst vor großen Plätzen] bezeichnet wird, ist ein ernst zu nehmendes Krankheitsbild, dass nichts mit dem für jeden Anfänger normalen "mulmigen" Gefühl zu tun hat.

Wer sich nicht von engen Stellen abschrecken lässt, wird sehr bald herausfinden, welches die einfachsten Schluftechniken sind. Ist Ihnen nicht bekannt, wohin

Wie ein Maulwurf quetscht sich diese Höhlenforscherin durch einen Schluf *Foto: thms*

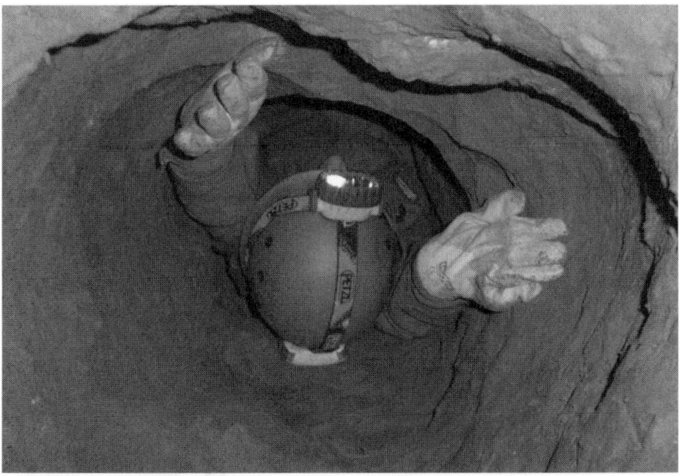

ein Schluf führt, dann sollten Sie ihn zunächst "Kopf voran" erkunden. Er könnte schließlich direkt in einen senkrechten Schacht münden. Es sei denn, er ist so geräumig, dass Sie an ihren Füßen vorbei nach vorne schauen können. Dann ist auch "Füße voran" sinnvoll, erst recht, wenn der Schluf abwärts führt, weil Ihnen sonst das Blut "in den Kopf steigt". Ist der Schluf zu eng, so sind meist Schultern oder Brustkasten die begrenzenden Körperteile. Manchmal kann es deshalb nötig sein tief auszuatmen, um den Brustumfang zu verringern. Hier hört dann auch bei den meisten Profis der Spaß auf, zumal es sehr schmerzhaft ist, wenn die Rippen über Fels rutschen. Den Abstand der Schultern verringern Sie, indem sie einen Arm nach vorne nehmen, denn dadurch stellt sich der Schultergürtel schräg. Zusätzlich gewinnen Sie Bewegungsfreiheit und Handlungsspielraum, weil Sie mit einer Hand beispielsweise noch an ihren Helm fassen können. Wenn es sehr eng wird, müssen Helm und Gürtel sowieso schon vorher abgenommen und vor sich hergeschoben werden. Schlufen ist nicht ungefährlich. Die eigenen Fähigkeiten dürfen nicht überschätzt werden.

Klettern und Spreizen in Höhlen

Wenn in Höhlen von Klettern gesprochen wird, so hat dies nichts mit dem eigentlichen (Sport-) Klettern zu tun. Vielmehr sind hiermit Kraxeleien gemeint, die nur über wenige Meter führen, beispielsweise zwischen Felsblöcken, oder in Spalten. Was darüber hinausgeht, muss auch in Höhlen mit Seilsicherung geschehen.

Gerade weil die einfachen Kraxeleien meist ohne Seilunterstützung gemacht werden, sind sie nicht zu unterschätzen. Hier wird sich völlig auf eigenes Können und Erfahrung verlassen. Selbstüberschätzung, Leichtsinn und mangelnde Übung sind hier die größte Gefahr. Für Anfänger ist es ratsam, sich die speziellen Techniken von Profis erklären und zeigen zu lassen. Auf Höhlentouren sollten Sie als Einsteiger grundsätzlich zwischen Erfahrenen gehen, damit Ihnen sowohl von vorne als auch von hinten Hilfestellung gegeben werden kann.

Einige grundlegende Überlegungen sind beim Klettern besonders wichtig. So zum Beispiel das Drei-Punkte-Prinzip. Dieses verlangt, dass immer drei feste Griffe beziehungsweise Tritte gleichzeitig belastet werden müssen, wenn Sie mit dem freien Fuß oder der freien Hand einen neuen Griff suchen (Beispiel: Beide Beine stehen sicher, eine Hand hat festen Halt, die zweite Hand kann zum

Auf dieser rutschigen Sinterstelle gibt ein Seil zusätzlich Halt

Foto: sw

Spreizen beim Überwinden einer Spalte

Foto: thms

nächsten Griff). Erst wenn ein guter Griff gefunden ist, kann die andere Hand oder ein Fuß weiterbewegt werden. Bei der Wahl der Griffe ist darauf zu achten, dass diese ausreichend Halt bieten, wenn Sie plötzlich ausrutschen und diese ruckartig belasten müssen. Tückisch sind verlehmte, schmierige Griffe und solche, die unvermittelt ausbrechen. Gleiches gilt natürlich auch für Tritte.

Zum Auf- und Abstieg in Spalten und Kaminen wird oft die Klemmtechnik angewendet. Rücken und Po werden an die eine, Hände und Füße gegen die andere Wand gedrückt. Auf diese Weise entsteht durch den Anpressdruck so viel Reibung und Halt, dass Geübte auch ganz ohne Griffe und Tritte auskommen können. Hierzu ist aber viel Erfahrung nötig, weshalb ein Anfänger dies zunächst an ungefährlichen Stellen üben sollte. Spreizen können Sie beim Überqueren von Spalten oder Klüften, in denen beide Wände berührt werden können.

Orientierung in der Höhle

So schön und spannend eine Höhlentour ist - früher oder später möchte jeder wieder an die Erdoberfläche zurück. Dazu müssen Sie wissen, welcher Weg zum Eingang beziehungsweise Ausgang zurückführt. Ein Anfänger ist mit der Befahrung an sich meist so beschäftigt, dass ihm kaum Zeit bleibt, sich den Wegverlauf einzuprägen. Solange die Gruppe von jemandem geführt wird, der sich in der Höhle auskennt, ist dies auch unproblematisch. Kritisch wird es aber, wenn sich genau dieser eine Ortskundige verletzt, und jemand Hilfe holen muss, der sich in der Höhle nicht zurechtfindet.

Höhlenpläne enthalten alle wichtigen räumlichen Informationen über die Höhle. Neben dem richtigen Weg, lässt sich mit ihnen auch immer feststellen, wo Sie sich gerade befinden und wo Sie noch nicht waren. Wenn also niemand dabei ist, der sich auskennt, sollte wenigstens ein guter Höhlenplan zur Hand sein. Jeder Teilnehmer sollte zusätzlich versuchen, sich den Gangverlauf einzuprägen. Dazu ist es vor allem nötig, sich an markanten Stellen, wie Abzweigungen etc., umzudrehen und den Rückweg zu betrachten. Sie werden sehen, sobald Sie einen Raum aus der anderen Richtung betreten, sieht er unter Umständen völlig anders aus. Auch einen Schlufeingang in einer größeren Halle wiederzufinden ist oft schwer.

Ein Muss: Der Höhlenplan erleichtert die Orientierung

Foto: sw

In Abenteuerromanen wird am Höhleneingang eine Schnur befestigt und dann nach innen ausgerollt. In Wirklichkeit ist dies wenig hilfreich. Sie wird weder lang genug sein noch der Feuchtigkeit standhalten. Eher ist sie eine Stolperfalle und bleibt als Müll in der Höhle zurück. Farbmarkierungen sind ebenfalls unnötig. In vielen Höhlen sind Schriftzüge mit "hier zum Ausgang" und Ähnlichem an die Wand gesprüht oder gepinselt worden. Auch wenn dies vielleicht gut gemeint war, verschandeln und zerstören solche Maßnahmen die Höhle und sind deshalb strafbar. Auch sind sie nicht zuletzt überflüssig, denn mit etwas Aufmerksamkeit und einem guten Höhlenplan kann der Ausgang auch ohne Wegweiser wiedergefunden werden.

Verhalten in der Gruppe

Wegen des hohen Gefahrenpotentials sollten Höhlenbefahrungen generell nie alleine durchgeführt werden. Dies bedeutet, dass Sie immer mit anderen Personen in einer Gruppe unterwegs sind.

Die Stimmung in der Gruppe ist während einer Höhlenbefahrung äußerst wichtig. Streit und Ärgernisse lenken ab und gehen auf Kosten der Aufmerksamkeit in schwierigen Passagen. Unter Höhlenfreunden finden sich immer Personen, die bevorzugt miteinander unterwegs sind. Die "Chemie" muss einfach stimmen und Sie müssen sich nicht nur gut verstehen, sondern auch aufeinander verlassen können. Im Ernstfall, beispielsweise einem Unfall, muss schließlich jeder anpacken und niemand darf sich aus der Verantwortung stehlen.

Für die Befahrungsgruppe gilt: Eine Kette ist nur so stark wie ihr schwächstes Glied! Das stärkste Gruppenmitglied hat sich folglich nach seiner Gruppe zu richten. Wer den "Guide" mimt und während einer Befahrung die Führung übernimmt, muss sich seiner Verantwortung gegenüber denen mit weniger Erfahrung oder weniger Kondition bewusst sein. Er hat auf den hintersten in der Gruppe zu warten, darf nicht vorne weg stürmen und muss die Befahrungsgeschwindigkeit dem langsamsten Teilnehmer anpassen. Er gefährdet sonst vor allem diejenigen, die sich noch nicht so sicher in Höhlen bewegen wie er selbst. Auch darf er nicht davon ausgehen, dass alle anderen Teilnehmer über seine Kondition und sein Können verfügen. Es ist seine Aufgabe abzuschätzen, was er ihnen zumuten kann und ihre Grenzen zu erkennen und zu respektieren.

Wenn jemand an seine Grenzen stößt

Die eigenen Ressourcen werden leicht überschätzt, wenn eine euphorische Gruppendynamik mitreißt und über die eigenen Leistungsgrenzen hinwegtäuscht.

Es braucht Mut, um sich selbst und der Gruppe gegenüber einzugestehen, dass man überfordert ist. Wer diesen Mut nicht aufbringt und seine Kondition überstrapaziert, bringt aber nicht nur sich selbst, sondern auch die Gruppe in Bedrängnis. Schließlich muss die Gemeinschaft den Erschöpften wieder aus der Höhle herausbringen.

Wer dagegen offen zugibt, dass er sich überfordert fühlt, muss im Gegenzug mit der Solidarität seiner Kameraden rechnen können. An seinem Vermögen ist die weitere Planung auszurichten. So können etwa alle umkehren, oder alle einen anderen Weg einschlagen. Nur wenn die Gruppe entsprechend groß ist, kann sie sich trennen. Wer nicht mehr weiter kann, darf nicht einfach zurückgelassen werden und plötzlich sich selbst überlassen sein!

Schachtbefahrungen - Seiltechnik & Sicherheit

Schächte befahren zu können eröffnet Horizonte. Zusätzlich zu den klassischen Horizontalhöhlen erweitert sich das Spektrum des Höhlengehers dadurch auf alle Höhlen, in denen senkrechte Gangpassagen durch Klettern allein nicht mehr zu bewältigen sind. Da dies in sehr vielen Höhlen der Fall ist, kommt der Beherrschung der vertikalen Befahrungstechniken eine zentrale Schlüsselrolle zu. Für viele sind es die Schachtbefahrungen, die einer Höhlenbefahrung erst die richtige Würze geben. Ob sich jedoch eine dauerhafte Vorliebe für Schachthöhlen entwickelt, oder die Seiltechnik nur als Mittel zum Zweck gesehen wird, ist individuell verschieden. Die schwerwiegendsten Unfälle passieren in Eis- und Wasserhöhlen und vor allem in Schachthöhlen. Da es in Deutschland wesentlich mehr Schachthöhlen als Eishöhlen und Wasserhöhlen gibt, kommt dem Thema Seiltechnik hier ein besonderer Stellenwert zu.

Einseiltechnik: Single-Rope-Technic (SRT)

Wie der Name schon erraten lässt, handelt es sich bei der Einseiltechnik um eine Methode, Schächte mit nur einem einzigen Seil zu befahren. Die "SRT" begann ihren Siegeszug durch Europa Ende der siebziger Jahre und hat sich inzwischen als gebräuchlichste Schachttechnik in der modernen Höhlenforschung durchgesetzt. Bis zu ihrer Etablierung waren Strickleitersysteme die gängige Art auf- und abzusteigen. Auch heute gibt es noch Höhlenforscher, die auf ihre gute alte Drahtseilleiter nicht verzichten wollen, denn sie hat auch ihre Vorteile.

Wie für alles andere, was in diesem Buch an Ausrüstung und Technik beschrieben wird, gilt auch für die Einseiltechnik: Es gibt eine Vielzahl verschiedener Geräte für unterschiedliche Techniken und Anwendungen. Diese alle im Einzelnen zu beschreiben und auf deren Handhabung einzugehen, würde dieses Buch dick wie die Bibel werden lassen. Deshalb habe ich mich entschlossen, nur die wichtigsten Geräte und die gängigsten Techniken zu beschreiben. Es soll Ihnen den praktischen Einstieg in die Einseiltechnik erleichtern. Hin und wieder werden für einige Geräte Markennamen der Hersteller verwendet. Das bedeutet nicht, dass es keine ähnlichen Geräte anderer Firmen gibt. Auch darf es nicht als Werbung verstanden werden. Eigennamen werden immer nur beispielhaft für eine bestimmte Gerätegruppe benutzt. Für viele von ihnen gibt es keine eigenständige Bezeichnung, weshalb es schwierig wäre, sie ohne Eigennamen zu beschreiben.

Welche Grundausrüstung ist für die Einseiltechnik notwendig?

Sitzgurt und Aufhängung

Der Speläo-Sitzgurt bildet das "Herzstück" der Schachtausrüstung. Er sieht auf den ersten Blick wie ein normaler Klettergurt aus: Beinschlaufen und Hüftgurt. Dennoch ist er in vielen Details unterschiedlich, weshalb Kletter- und Canyoninggurte in der Höhle auch nur bedingt geeignet sind. Speläo-Sitzgurte haben keinen fest integrierten Aufhängepunkt, wie etwa die Anseilschlaufe an Klettergurten. Stattdessen werden sie vorne auf Hüfthöhe mit einem halbrunden Schraubglied aus Stahl verschlossen, das ich im Folgenden der Einfachheit halber nur "Halbrund" nenne. Dieser bildet die Hauptaufhängung, d. h., dass Sie mit Ihrem ganzen Körpergewicht an diesem "Halbrund" hängen. Alle Schachtausrüstungsgegenstände, die Sie verwenden, müssen in ihn eingehängt werden.

Korrekt eingebundene Person
Foto: thms

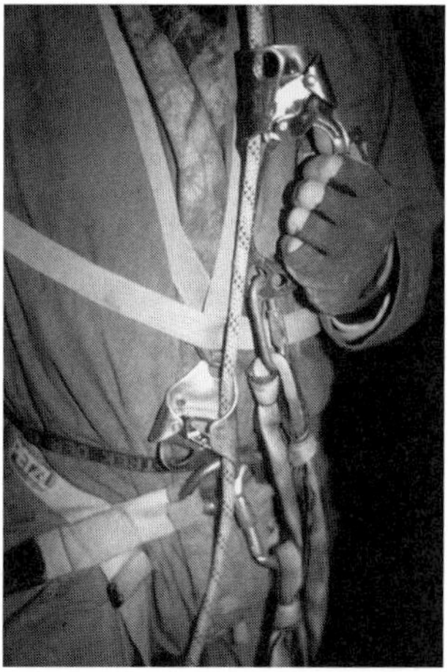

Der Sitzgurt muss nur ein einziges Mal auf die Größe des Besitzers eingestellt werden, denn ein Verstellen der Schlaufen ist zum An- und Ausziehen nicht mehr notwendig. Der wichtigste funktionelle Unterschied liegt darin, dass der Aufhängepunkt, der Halbrund, wesentlich tiefer sitzt als die Anseilschlaufe bei Klettergurten. Dies ist vor allem beim Aufsteigen am Seil von Bedeutung, denn durch höhere Aufhängung ginge Hubhöhe verloren.

Ein Speläo-Sitzgurt ist nicht zum Klettern geeignet! Er ist, wie der Name schon sagt, nur zum "Darinsitzen" gedacht! Die Art des Materials und die Fertigung kann Stürze nicht dynamisch abfangen. Schwere Weichteilverletzungen und Knochenbrüche könnten die Folge sein.

Materialkunde: Halbrund - und weitere Schraubglieder

Der "Halbrund" stellt die bislang jüngste Entwicklung in der Familie der Aufhängepunkte am Sitzgurt dar. In den Anfängen der Einseiltechnik galt: "Metall auf Metall vermeiden! " Seilklemmen wurden beispielsweise nicht direkt mit Karabinern verbunden. Sitz- und Brustgurt wurden nur mittels Reepschnur verbunden und auch alle anderen Geräte, wie beispielsweise der Abseiler, wurden eingebunden und nicht mit Karabinern eingehängt. Dies war nicht nur sehr umständlich, sondern barg auch eine ganze Reihe an Sicherheitsrisiken. Zur Erleichterung wurde als Hauptaufhängung zunächst das Delta-Schraubglied verwendet. Dies schien, zum einen wegen der dreieckigen Form, zum anderen wegen der hohen Bruchlast (bis zu 25 kN), für diese Aufgabe besonders geeignet. Die Erfahrung zeigte jedoch, dass alle eingebundenen Geräte dazu neigten, sich in der oberen Ecke so einzuklemmen, dass ihre Bedienbarkeit dadurch teilweise eingeschränkt wurde. Deshalb folgte bereits einige Jahre später der "Halbrund", bei dem diese Problematik durch die weite Rundung kaum noch auftritt.

Ein weiteres ovales Schraubglied wird in der Höhle aufgrund des geringen Gewichts und der trotzdem enormen Bruchlast von 25 kN gerne zum Einbau von Seilquerungen verwendet. Eine etwas kleinere Ausführung davon eignet sich als Verbindung von Handsteigklemme und Fußschlinge.

Brustgurt und Brustschlingen

Ergänzt wird der Sitzgurt, genau wie beim Klettern, durch einen Brustgurt oder Brustschlingen. Auch bei der SRT erfüllen diese die Aufgabe, Herauskippen aus dem Sitzgurt zu verhindern. In Höhlen erfolgt zwar unter normalen Umständen kein Sturz ins Seil, in seltenen Fällen besteht aber trotzdem Gefahr aus dem Sitzgurt zu kippen: Beispielsweise bei Bewusstlosigkeit oder Erschöpfung. Die zweite Aufgabe, die Brustgurte erfüllen, ist die Fixierung der Bruststeigklemme, die im Halbrund des Sitzgurts eingehängt ist. Leicht verstellbare Brustgurte oder Schlingen ermöglichen in jeder Situation die Bruststeigklemme nachzuspannen, um

Fixierung der Bruststeigklemme: Links achterförmige, rechts Y-förmige Schlinge Foto: thms

beim Aufstieg möglichst große Hübe zu erreichen. Meist erweisen sich hierbei achterförmige Schlingen oder Y-förmige Überwurfschlingen dem klassischen Brustgurt gegenüber im Vorteil. Sie sind schneller an- und abzulegen sowie wesentlich variabler verstellbar. Die richtige Länge wird immer wieder neu vor dem Aufstieg am Seil unter Belastung eingestellt, indem Sie den Brustgurt richtig festzurren.

Wie wird die Bruststeigklemme eingehängt?

Die Bruststeigklemme sitzt fest eingespannt zwischen dem Halbrund des Sitzgurts und der Brustschlinge. Die Klemme verfügt über Widerhaken, die auf Zug nach unten den Mantel des Seils greifen und so das Seil in die Führung klemmen. Nach oben gezogen, rutschen die Häkchen über den Seilmantel, bis erneuter Zug nach unten wieder blockiert. Die Bruststeigklemme kann also immer nur in eine Richtung geschoben werden.

Auch wenn sie beim Abseilen selbst nicht gebraucht wird, ist sie immer an ihrem Platz zwischen Brust- und Sitzgurt einzuhängen. Denn wenn Sie im Seil hängen, könnten Sie den Halbrund nicht öffnen, um die Bruststeigklemme einzuhängen! Stellen Sie sich vor, Sie seilen in einen Schacht ab und Ihnen fällt ein, dass Sie die Grillsteaks für den Abend zusammen mit dem Hund im Kofferraum eingeschlossen haben! Jetzt ist nicht nur schnelle Reaktion, sondern auch die nötige Ausrüstung für den Aufstieg gefragt. Daher ist es ein Grundsatz der Einseiltechnik, dass am Seil hängend, immer das notwendige Schachtzeug griffbereit sein muss. Für die Befestigung der Ausrüstungsgegenstände, die Sie gerade nicht brauchen, aber griffbereit halten wollen, hat jeder Sitzgurt seitlich Befestigungslaschen.

PRAXIS: Wie tief ist der Schacht? Oder: Warum man immer alles dabei haben sollte!
Vor einigen Jahren war eine Gruppe Höhlenforscher, unter sengender Sonne, irgendwo auf einer Karsthochfläche Sardiniens unterwegs. Wie bei nahezu jeder Höhlensuche ohne ortskundigen Führer, wurde auch hier der ersehnte Eingang nicht gefunden. Soweit nicht ungewöhnlich. Stattdessen wurde ein ganz anderer Eingang gefunden. Neben diesem Schacht saß ein alter Ziegenhirte, der offenbar nur sardisch verstand. Nachdem sämtliche Kommunikationsversuche zwischen ihm und den Höhlenforschern fehlschlugen und er auf die Frage, wie tief denn der Schacht sei, nur einen fragenden Blick erwiderte, wurde schließlich ausgepackt. Kurzerhand hängte einer das mitgebrachte 50-Meter Seil ein und seilte ab. Plötzlich wurde der Hirte unruhig und begann wild gestikulierend auf die Höhlenforscher einzureden. Nachdem er aber diesmal fragende Blicke erntete, nahm er einen Ast und kritzelte "160 m" in den Sand. Im selben Augenblick drang aus der Tiefe bereits deutliches Fluchen nach oben. Nur wenige Meter unter dem Abseilenden baumelte das Seilende und der Schachtgrund war noch lange nicht zu sehen. Es blieb nichts anderes übrig, als direkt wieder aufzusteigen. Gut, wenn wie in diesem Fall, alles Notwendige für den Aufstieg dabei ist. Lebensrettend ist in so einem Fall ein so genannter Endknoten. Sollte beim Abseilen nicht bemerkt werden, dass das Seil zu kurz ist, bewahrt er vor einem Absturz.

Natürlich muss für den erfolgreichen Aufstieg am Seil die Bruststeigklemme richtig eingebunden sein. Die große Befestigungsöse hängt dabei im Halbrund des Sitzgurtes. Sie ist extra so angewinkelt, dass die Klemme parallel zum Brustkorb hängt und sie somit vor unfreiwilligem Verdrehen geschützt ist. Die Befestigung der Bruststeigklemme an der Brustschlinge sollte mit einem kleinen Schraubglied vorgenommen werden. Damit sind Sie schneller und flexibler beim An- und Ablegen. Unbedingt sollten Sie darauf achten, dass im Bereich der Bruststeigklemme keine Schnüre oder Schlingen baumeln. Diese können sich leicht in die Bruststeigklemme oder den Abseiler hineinziehen und Sie so in gefährliche Situationen bringen.

Um den Überblick über alle Geräte und Karabiner zu behalten, sollten Sie versuchen, sich ein eigenes Schema anzueignen, an welcher Stelle sie welchen Ausrüstungsgegenstand einhängen. So finden Sie sich auch in Dunkelheit und schwierigen Situationen besser zurecht und vermeiden Fehlbedienungen.

Bisher hört sich alles kompliziert an? Keine Sorge, was Ihnen vielleicht zunächst noch wie ein einziges Schlingendurcheinander vorkommt, wird mit der Zeit übersichtlicher und zur Gewohnheit. In der Gruppe gehört ein Partnercheck, wie er auch unter Kletterern üblich ist, vor jeder Schachtbefahrung zum Programm. Nach kurzer Blickkontrolle weist man sich gegenseitig auf Auffälligkeiten hin und kann Sicherheitsmängel beheben.

Seile für Höhlen - Speläoseile

Vielleicht ist Ihnen schon mal aufgefallen, dass Höhlenseile, im Vergleich zu Kletterseilen, langweilig aussehen. Statt Neonfarben und schillernden Mustern, sind diese, bis auf wenige Ausnahmen, immer weiß mit eingewebter Farbstruktur. Der Grund dafür ist einfach. Auf den ersten Blick soll erkennbar sein, dass es sich nicht um ein Kletterseil handelt. Denn Speläoseile entsprechen einem völlig anderen Seiltyp. Außerdem: Versuchen Sie sich doch mal in der Finsternis einer Höhle ein dunkelblaues Seil vorzustellen...

Kletterseile werden zum Sichern hergestellt. Sie müssen im Ernstfall den Sturz eines Kletterers halten können. Gerade im Vorstieg kommt es teilweise zu beachtlichen Stürzen, deren Energie abgefangen werden muss. Wenn ein Kletterer mit schwerer Ausrüstung in alpinem Vorstieg nur 3 m über seiner letzten Zwischensicherung stürzt, fällt er ebenso tief unter diesen Sicherungspunkt. Sturzhöhe sind somit 6 m freier Fall. Der Kletterer würde diesen ordentlichen Sturz wahrscheinlich nicht unbeschadet überstehen, würde nicht ein Großteil der Sturzenergie vom Seil aufgefangen. Dieses fangstoßmindernde Dehnungsvermögen ist die Haupteigenschaft dynamischer Kletterseile. Das optimale Dehnungsverhalten wird durch ein spezielles Webverfahren erreicht. Im Gegensatz dazu wird bei Speläoseilen versucht, möglichst wenig Seildehnung zu erzeugen.

In der Höhlenforschung stört Seildehnung mehr als sie nützt. Hier ist ein festes Seil gefragt, das auch unter Belastung nur wenig nachgibt und wenig federt (Statikseil). Wegen dieser praktischen Eigenschaften werden Speläoseile auch von Bergrettung und Feuerwehren verwendet. In der Praxis werden Sie dennoch überrascht sein, wie viel Dehnung auch diese Statikseile haben können. Bereits bei Seilstrecken um 20 m beginnt das Seil vor allem beim Aufstieg mit Steigklemmen deutlich zu federn.

Speläoseile werden aus Polyamidfasern gefertigt und bestehen aus Mantel und Kern. Ihre wesentlichen Eigenschaften, wie statische Dehnung, Reißfestigkeit und

Kern-Mantelverschiebung, sind, wie auch bei Kletterseilen, normiert (EN, UIAA) und garantieren ein hohes Sicherheitsniveau. Um dies auch langfristig zu gewährleisten, müssen Speläoseile pfleglich behandelt werden. Die Gefahr mechanischer Beschädigung droht vor allem, wenn das Seil über scharfe Felskanten läuft, an denen es scheuert. Der Seilmantel leidet darunter zuerst. Bevor davon aber auch der Kern betroffen ist, wird das Seil meist aus optischen Gründen aussortiert. Auch mikroskopisch kleine Staubpartikel können vermutlich ein Seil beschädigen. Sie dringen bis tief ins Seilinnere vor und greifen dort direkt die Polyamidfäden an (innere Abrasion). Es sollte daher unnötige Seilverschmutzung vermieden werden, was jedoch in Höhlen meist nicht möglich ist. Zusätzlich zum Dreck kommt dort noch eine für Seile ungünstig hohe Luftfeuchtigkeit dazu. Seile saugen durch Kapillarwirkung unvermeidlich Wasser durch den Seilmantel auf, welches aufgrund der hohen Luftfeuchtigkeit kaum wieder abgegeben werden kann. Unter Nässe und Eis konnte, allerdings bei Kletterseilen, eine deutliche Abnahme der Reißfestigkeit (um ein bis zwei Normstürze!) festgestellt werden. Viele Hersteller versuchen deshalb, diesem Problem durch Verwendung wasserabweisender Substanzen zu begegnen. Gegen die schädigende UV-Strahlung werden Seile zwar weitgehend aus beschichtetem Polyamid gefertigt, doch sollten auch Speläoseile nicht dauerhafter Sonneneinstrahlung ausgesetzt werden.

Tödliche Gefahr besteht beim Kontakt der Seile mit chemischen Substanzen. Der DAV- Sicherheitskreis hat hierzu bereits einige potentiell gefährliche Stoffe getestet. Dabei wurden vor allem Säuren (Batteriesäure!) als extrem seilschädigend ausgemacht. Es ist aber zu beachten, dass bislang nur wenige Untersuchungen vorliegen und deshalb generell vor Kontakt mit potentiell schädlichen Stoffen gewarnt werden muss.

Unbedingt müssen Sie Ihr Seil vor Hitzeeinwirkung schützen, da diese zum Schmelzen des Polyamids führt. Sie dürfen deshalb weder auf Heizkörpern noch in der Sonne getrocknet werden. Hitze entsteht aber auch bei allen Arten von Reibung. Besonders gefährlich ist es, wenn zwei Seile aneinander reiben. In kürzester Zeit können sie sich anschmelzen. Auch die Karbidlampe am Helm birgt in diesem Zusammenhang ein relativ hohes Gefahrenpotential. Da man die eigene Flamme selbst nicht sieht, muss mit besonderer Sorgfalt darauf geachtet werden, dass diese dem Seil nicht zu nahe kommt.

Am Seil hängt Ihr Leben, deshalb sollten Sie es, wie auch die übrige SRT-Ausrüstung, besonders sorgfältig pflegen. In regelmäßigen Abständen muss jeder

Gegenstand auf Schäden untersucht werden. Bei Seilen kommen Sie nicht umhin, Meter für Meter durch die Finger gleiten zu lassen. Zur Reinigung sollten keine Waschmittel, außer spezielle Seilseife vom Hersteller, verwendet werden. Wasser alleine erfüllt aber meist denselben Zweck. Zum Trocknen die Seile schattig und luftig aufhängen. Dasselbe gilt für die Lagerung, wobei 20°C und maximal 65% relative Luftfeuchtigkeit optimal sind.

Auf dem Bild sehen Sie, wie das Seil richtig "aufgeschossen" wird. Nur so verhindern Sie Seilkrangeln (In-sich-verdrehen), was Ihnen in der Praxis viel Ärger verursachen kann.

Das Seil wird in Schlingen gelegt.

Mit einem Ende wird über das Bündel eine Schlinge gelegt, mit dem anderen wird diese fest umwickelt.

Das gewickelte Ende wird durch die Schlinge gesteckt und mit dieser festgezurrt.

Speläoseile richtig aufschießen

Abseilen

Zum Abseilen werden Seilbremsen, so genannte Abseiler, verwendet. Durch Reibung am Seil bremsen sie die Abfahrt. Eine wahre Vielfalt an verschiedenen Abseilertypen ist inzwischen erhältlich. Für die Höhlenforschung ist davon jedoch nur eine kleine Auswahl interessant.

Abseiler, Simple

Der klassische Abseiler, auch Simple genannt, ist bereits seit der Frühzeit der Einseiltechnik auf dem Markt und für Seile mit 9 bis 12 mm Durchmesser geeignet. Obwohl er einige Male verbessert und neu designed wurde, hat er sich über die Jahre hinweg nur geringfügig verändert. Natürlich müssen Sie nicht das allerneueste Modell besitzen. Achten Sie jedoch darauf, dass Ihr Abseiler als oberen Abschluss nur einen Steg hat. Ältere Ausführungen sind oben noch mit gebogenem Blech verschlossen, was aufgrund der hohen Reibung das Durchziehen eines Seiles, wie es z. B. beim Umsteigen (siehe unten) notwendig ist, sehr beschwerlich und gefährlich macht. Die Handhabung dieser Abseilgeräte ist immer ähnlich. Der Abseiler wird mit einem ovalen Speläokarabiner, möglichst aus Stahl, direkt in den "Halbrund" des Sitzgurtes eingehängt, und zwar so herum, dass die zu öffnende Seite mit der Verschlussöse nach oben zeigt. So können Sie den Abseiler am Schnapper öffnen und das Seil einlegen. Das von oben kommende, etwa an einem Baum befestigte Seil, läuft links am Abseiler vorbei, schlängelt sich S-förmig durch die Rollen nach oben und kommt auf der rechten Seite wieder heraus. Der Abseiler wird verschlossen, indem der Schnapper im Befestigungskarabiner einrastet. Zum Abseilen greift man das abwärtsführende Seil mit der rechten - beziehungsweise von Linkshändern mit der linken Hand - und lässt es durch die geschlossene Faust gleiten. Auf diese Weise können Sie die Abseilgeschwindigkeit steuern. Wichtig ist, mit der Hand genügend Abstand vom Abseiler zu lassen, um sich nicht versehentlich die Finger einzuklemmen, sowie Handschuhe zu tragen, da Sie sich sonst die Hände verbrennen können. Sie sollten sich auch angewöhnen, mit der freien Hand

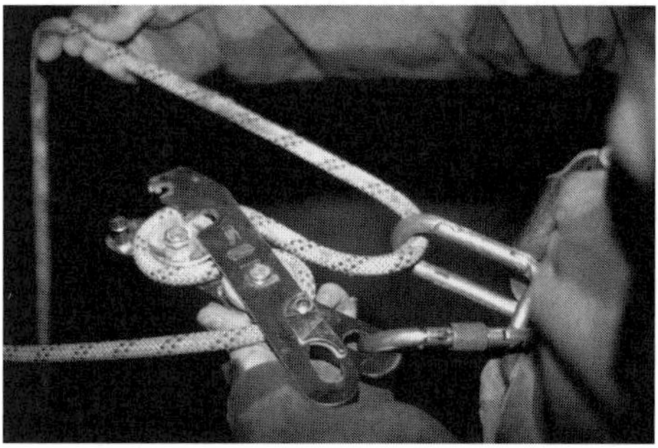

Seil in den Abseiler einlegen: Das Seil läuft zusätzlich durch den Bremskarabiner, Schraubkarabiner zudrehen! *Foto: thms*

nicht das Seil über dem Abseiler zu greifen. Dies vermittelt gerade dem Anfänger das Gefühl, sich am Seil festhalten zu können und lenkt davon ab, dass nur die Bremshand die Kontrolle über den Abseilvorgang hat. Wer fälschlicherweise mit der freien Hand über dem Abseiler das Seil umklammert, kann sich die Hand aufschneiden und verbrennen! Nutzen Sie die freie Hand, um sich an der Wand abzustützen und nicht das Gleichgewicht zu verlieren.

Wozu Bremskarabiner?

Um die Bremskraft und damit die Sicherheit noch weiter zu erhöhen, wird neben dem Abseiler ein weiterer Karabiner, als Bremskarabiner, eingehängt und durch ihn das Seil geführt. Wird die Bremshand mit dem Seil nach oben genommen, verstärkt sich die Bremskraft durch die zusätzliche Umlenkung und der Abseilvorgang wird langsamer. Umgekehrt, wenn das Seil nach unten genommen wird und flach an der Hüfte entlanggleitet, seilen Sie schneller ab. Zum Anhalten legen Sie um den Abseiler zwei Schlingen Seil herum und lassen es ein zweites Mal in den Bremskarabiner einschnappen. Immer, wenn Sie das Seil loslassen müssen, blockieren Sie den Abseiler auf diese Weise.

Abseiler blockieren: Das Seil zwei Mal um den Abseiler wickeln und nochmal durch den Bremskarabiner führen Foto:thms

Selbstblockierender Abseiler (Stop)

Dieses Gerät ist eine Weiterentwicklung des Abseilers. Es wird genauso mit einem Schraubkarabiner und Bremskarabiner in den Halbrund eingehängt. Und auch sonst ist die Bedienung der des Abseilers sehr ähnlich. Unfälle, bei denen die Verunglückten das Seil losgelassen hatten und abstürzten, waren Anlass einen Abseiler mit selbsttätiger Bremsfunktion zu entwickeln. Der Stop klemmt automatisch das Seil ein, sobald der Bediener den Stophebel loslässt. Auch wenn es verlockend ist, darf der Hebel nicht zum Regulieren der Geschwindigkeit verwendet werden. Er muss vielmehr während der ganzen Abseilfahrt vollständig gedrückt gehalten werden. Die selbstblockierende Funktion des Stop kann auch "ausgeschaltet" werden, wenn dies gewünscht wird. Dazu wird ein Karabiner in eine Öse am Bremshebel eingehängt. Dadurch kann dieser nicht mehr blockieren. Die weitere Bedienung des "ausgeschalteten" Stops erfolgt analog zum Abseiler Simple. Zum Anhalten muss trotz der selbsttätigen Bremse auch mindestens eine Seilschlinge um den Stop und durch den Bremskarabiner gelegt werden.

Da die Bremswirkung vom Durchmesser des verwendeten Seiles abhängt, darf der Stop nur für Seile mit 10 bis 11 mm Durchmesser verwendet werden. Bei dünneren Seilen kann die volle Bremswirkung nicht garantiert werden.

Während des Abseilens ist überaus wichtig, dass Sie auf freie Beweglichkeit des Hebels achten. Im Gefahrenfall müssen Sie diesen loslassen, damit der Stop auch wirklich stoppt. Ist in dieser Situation der Hebel blockiert, stürzen Sie genauso schnell ab, wie mit einem gewöhnlichen Abseiler. Gefährlich sind Karabiner oder Schlingen, die den Hebel in gedrückter Stellung fixieren.

PRAXIS: Achtung Bauch!
Von einem Höhlenforscher mit jahrzehntelanger Erfahrung habe ich von einem Beinahe-Unfall erfahren: Bei einem Sturz hat sein gepflegter Bauch den Hebel gedrückt gehalten, als er ihn bereits losgelassen hatte. Glücklicherweise trug er "nur" schwere Verbrennungen der Handflächen, durch Festhalten am Seil, davon.

Obwohl der Stop eigentlich eine tolle Erfindung darstellt, ist er in Höhlenforscherkreisen umstritten. Die Unfallstatistik spielt dabei eine zentrale Rolle und teilt die Gesamtheit der Abseilenden in Befürworter und Gegner. Kurioserweise geschehen nämlich mit dem Stop, der für mehr Sicherheit konstruiert wurde, mehr Abseilunfälle, als mit dem einfachen Abseiler. Der Grund dafür liegt im Reflexverhalten des Menschen. Aus Angst abzustürzen, klammert er sich am Seil fest - beziehungsweise an dem, was gerade greifbar ist. In der Praxis wurde in solchen Situationen instinktiv am Stophebel gedrückt, was den Absturz unter Umständen erst verursachte. Richtige Reaktion muss deshalb geübt werden. Eine weitere Erklärung für mehr Unfälle mit dem Stop könnte auch sein, dass dieser inzwischen verbreiteter ist...

Diskussionen darüber, welcher Abseiler der bessere sei, sind Grundsatzdebatten, die selten zu einem Ergebnis führen. Es bleibt "Geschmackssache", für welches Gerät man sich entscheidet. Ein konkreter Nachteil ist die Tatsache, dass bei Verwendung des Stop die zweite Hand den Hebel gedrückt halten muss und deshalb nicht frei ist. Gerade in engen Schächten kann dies lästig sein, weil eine Hand zum Abstützen von der Wand fehlt. Wie bereits erwähnt, kann hier die Selbstblockierung allerdings ausgeschaltet werden.

Inzwischen gibt es auch neue Abseilgeräte, die dem Klammereffekt Rechnung tragen und sowohl beim festen Zudrücken, als auch bei plötzlichem Loslassen blockieren. Nur wenn mit dosierter Kraft gedrückt wird, kann abgeseilt werden. Ob sich diese relativ unhandlichen Geräte jedoch durchsetzen können bleibt abzuwarten.

Das größte Sicherheitsrisiko ist und bleibt in jedem Fall der Anwender selbst. An und für sich sind alle Geräte der Einseiltechnik sicher. Wenn doch etwas passiert, liegt es fast immer an der fehlerhaften Bedienung.

☝ Der Abseiler "Simple" und der Stop sind nicht für Abseiltiefen über 100 m geeignet!

Rack: Der Abseiler für ganz tiefe Schächte

Der Rack ist ein weiteres wichtiges Abseilgerät, bei dem das Seil, von oben kommend, s-förmig durch so genannte Bremsbarren läuft. Er wird vor allem bei größeren Schachttiefen verwendet, da er weniger zu Erwärmung neigt. Wie alle anderen Abseiler, wird der Rack mittels eines ovalen Schraubkarabiners in den Halbrund eingehängt. Im Unterschied zu Abseiler und Stop kann mit ihm sowohl an einem 9 bis 13 mm dicken Einfachseil als auch an einem 8 bis 11 mm dicken Doppelseil abgeseilt werden. Um die Bremswirkung zu variieren, können Bremsbarren hinzugefügt oder ausgelassen werden, wobei fünf Stück Minimum sind. Jeder zweite Barren ist ausklappbar, so dass das Seil eingelegt werden kann und nicht hindurchgesteckt werden muss. Wenn noch mehr Bremswirkung gefragt ist, kann auch hier zusätzlich ein Bremskarabiner verwendet werden, der nicht im Halbrund, sondern über dem ersten Bremsbarren eingehängt wird. Der Rack ist kein selbstblockierendes Abseilgerät. Die Abseilgeschwindigkeit wird einzig und allein mit der Bremshand gesteuert.

Zusatzsicherung beim Abseilen

Bereits vor Erfindung des Stops wurde ein Sicherungsgerät konzipiert, um beim Abseilen die Absturzgefahr durch Auslassen des Seiles zu verringern, der Shunt. Das Prinzip der selbsttätigen Seilbremse wurde hier mit einem Klemmmechanismus verwirklicht. Über einen Hebel, der beim Abseilen gedrückt werden muss, wird im Notfall die Sturzenergie direkt in Anpressdruck auf das Seil umgewandelt. Der große Vorteil gegenüber Seilklemmen liegt darin, dass sich der Shunt, soweit er nicht belastet wird, mühelos in beide Richtungen am Seil verschieben lässt, was bei Seilklemmen ja nur in eine Richtung möglich ist. Aus diesem Grund wird der Shunt nicht nur gerne als Zusatzsicherung beim Abseilen, sondern auch in vielen anderen Situationen verwendet. Zum Einrichten von Seilstrecken und Fixpunkten ist er beispielsweise ideal, da er neben größter Sicherheit auch ein Maximum an Flexibilität bietet. Der Shunt wird, an einer Bandschlinge befestigt, ebenfalls im Halbrund des Sitzgurts eingehängt. Sie werden dem Shunt in diesem Kapitel noch öfter begegnen.

Seilbremsen, wie Halbmastwurf-Sicherungskarabiner (HMS), Grigri oder Abseilachter, die hauptsächlich in der Kletterszene Verwendung finden, sind für die Höhlenforschung kaum geeignet. Starke Seilverschmutzung durch Lehm und Sand sowie die relativ harten Speläoseile, sind im Stande tiefe Rillen in das Metall zu fräsen und lassen sie vorzeitig altern. Außerdem tritt beim Abseilen mit HMS Seilkrangeln auf, welches in der Einseiltechnik noch deutlich gefährlicher sein kann als beim Klettern.

Sicherheit beim Abseilen

So einfach das Abseilen auch anmutet, birgt es doch eine ganze Reihe von Gefahren, die immer wieder zu Unfällen führen. Der Schachteinstieg oder der Zustieg zum Seil ist bereits nicht zu unterschätzen. Vor dem Schacht kann Ausrutschen auf nassem Laub, auf Eis oder Lehm zu Abstürzen führen, noch bevor das Seil überhaupt erreicht wurde. Auch der Moment, in dem das Seil in den Abseiler eingelegt wird, ist nicht ungefährlich, weil die Aufmerksamkeit dem richtigen Einlegen gilt und eine Zusatzsicherung oft vergessen wird. Deshalb: Jeder Zustieg zu einem Schacht, beziehungsweise zu einer Seilstrecke, muss mit Seilen gesichert werden! Ein fester Baum kann hierzu den Ausgangspunkt bilden. An dieser Sicherung hat sich jeder Befahrungsteilnehmer einzuhängen!

Beim Abseilen sollten Sie, auch wenn es Spaß macht, nicht übermäßig schnell abfahren. Sie schonen dadurch Ihr Seil (Wärmeentwicklung!) und vermeiden, dass Sie die Kontrolle über den Abseilvorgang verlieren. Um beim Abseilen mit Wandkontakt nicht ins Straucheln zu geraten, sollten Sie die Knie fast durchgestreckt halten und beide Füße breitbeinig und rechtwinklig am Fels aufsetzen. Dazu müssen Sie sich tief ins Seil "hineinsetzen". Vergewissern Sie sich vor dem Abseilen, dass Sie sich in das richtige Seil eingehängt haben und, dass ein Endknoten eingebunden wurde. Dieser kann bei zu kurzem Seil die letzte Rettung sein.

Wie schon oben erwähnt, entsteht durch Reibung im Abseilgerät Wärme. Dasselbe gilt auch für Ihre Hände. Deswegen sollten Sie bei jedem Seilkontakt Handschuhe tragen, um sich nicht die Finger zu verbrennen, wenn Sie mal fester zupacken müssen.

Der Aufstieg am Seil

Seilklemmen

Die Bruststeigklemme haben Sie bereits kennen gelernt. Neben der Handsteigklemme ist sie das wichtigste Gerät zum Aufstieg am Seil. Die Handsteigklemme funktioniert nach demselben Prinzip: Widerhaken sorgen für den Halt am Seilmantel, während die Klemme das Seil gegen die Seilführung presst. Die Klemmen

Aufstieg mit Steilklemmen. Links: Handsteigklemme maximal hochgeschoben, Belastung auf der Bruststeigklemme. Rechts: Belastung der Handsteigklemme und Weiterschieben der Bruststeigklemme. Foto: thms

sind für Einfachseile mit 8 bis 13 mm Durchmesser geeignet. Die Handsteigklemme verfügt über einen großen Handgriff und ist, wie die Bruststeigklemme, auch für Linkshänder erhältlich. Sind Sie Rechtshänder, so muss sich Ihre Bruststeigklemme nach rechts öffnen lassen. Bei der Handsteigklemme müssen Sie mit dem Daumen den Öffnungshebel betätigen können. Unter dem Handgriff befindet sich eine Befestigungsöse, in die Sie die Sicherung zu Ihrem Sitzgurt einhängen. Ohne diese Verbindung wären Sie sonst nur an der Bruststeigklemme gesichert! Oft wird in der Speläologie hierzu eine Kombination bestehend aus Sicherungsschlinge und Fußtrittschlinge verwendet, die Sie fertig kaufen können.

Aufsteigtechnik

Die gängigste Methode, am Seil aufzusteigen ist die "Froschtechnik", auch "Raupenmethode" genannt. Dabei hängen Sie mit Ihrem Körpergewicht an der Bruststeigklemme und können die entlastete Handsteigklemme am Seil hochschieben. Anschließend belasten Sie diese, indem Sie sich in die Fußschlinge stellen und am Seil aufrichten. Dabei schiebt sich die Bruststeigklemme automatisch mit und arretiert ein Stück höher. Wenn Sie nun, wie zuvor, die Bruststeigklemme belasten, lässt sich die Handsteigklemme erneut höher schieben. Weil die Arme schneller ermüden, sollte der Kraftaufwand beim Aufsteigen vor allem mit den kräftigeren Beinen bewältigt werden.

Voraussetzung für effizientes Aufsteigen ist eine optimale individuelle Einstellung der Schlingenlängen und eine straff sitzende Bruststeigklemme.

Es lässt sich beim Aufsteigen am Seil eigentlich nicht viel falsch machen. Die Klemmen können sich nur nach oben bewegen und der Sicherheitsverschluss verhindert ein ungewolltes Öffnen der Klemmen. Achten Sie darauf, dass sich keine herumbaumelnden Bänder und Schnüre und auch kein Dreck oder kleine Steinchen in die Klemme hineinziehen. Die Klemme kann dadurch nicht nur blockieren, sondern auch unter Umständen nicht mehr richtig schließen. Bei besonders stark mit Lehm verschmutzten Seilen müssen Sie, wie auch bei vereisten Seilen, damit rechnen, dass eine vorgeschobene Klemme durchrutscht, weil die Widerhaken den Seilmantel nicht greifen. Das hört sich schlimmer an als es ist, denn die zweite Klemme wird sich unter Last in der Regel nie öffnen. Wenn Sie die Zähne der rutschenden Klemme mit dem Finger an den Seilmantel andrücken bevor Sie die Klemme belasten, wird diese durch den Anpressdruck wieder greifen.

Alternative Seilklemmtechniken

Die älteste Seilklemmtechnik ist der Prusikknoten (siehe S. 68), der eigentlich immer hält, wenn sonst nichts mehr greift. Sie brauchen nur ein Stück Reepschnur, im Durchmesser höchstens halb so stark wie Ihr Speläoseil. Je mehr Schlingen Sie legen, desto zuverlässiger blockiert der Knoten. Der Prusik muss zum Verschieben leicht verdreht werden, damit er sich vom Seilmantel lockert.

Der Shunt ist eine ebenso zuverlässige Seilklemme, die Sie schon als Zusatzsicherung beim Abseilen kennen gelernt haben.

PRAXIS: Wenn Sie Ihre ersten Aufsteigversuche mit der Froschtechnik unternehmen, werden Sie feststellen, dass das Seil zunächst mangels Eigengewicht nicht von selbst durch Ihre Klemmen rutscht. Um dem abzuhelfen, halten Höhlenforscher dem vorsteigenden Kameraden das Seil fest. Pech hat nur der Letzte. Er kann das Seil mit beiden Füßen einklemmen, was etwas Übung erfordert. Er kann es auch beschweren, indem er den aufgeschossenen Seilrest oder einen Schleifsack daran hängt. Es darf aber nicht vergessen werden, diesen rechtzeitig nachzuholen. Vergessen Sie auch nicht, den Endknoten zu öffnen, wenn Sie als Letzter aufsteigen. Andernfalls könnte sich dieser, beim Herausziehen des Seiles, leicht verfangen.

Materialkunde: Longe und Bandschlingen

Longe oder Longine werden Sicherungsschlingen unterschiedlicher Länge genannt. Es existieren viele Ausführungen. Jede Longe hat einen eigenen Schnappkarabiner, mit dem sie in einen Sicherungspunkt eingehängt wird. Höhlenforscher haben in der Regel zwei oder drei Longes, mit Längen zwischen 30 cm und 1 Meter. Sie sind fertig genäht erhältlich oder können auch aus Endlosmaterial von der Rolle geknotet werden. So können Sie individuell über die Länge entscheiden.

Die Festigkeit der einzelnen Bandschlingen kann an der Anzahl eingenähter Kennfäden direkt abgelesen werden. Jeder Kennfaden steht für 5 kN Reißkraft. Standard sind 3 Fäden! Für die Festigkeit genähter Bandschlingen ist die Anzahl der Kennfäden, wenn sie überhaupt welche haben, unerheblich. Hier bestimmt die Naht selbst die Reißkraft. Bandschlingen selber knoten sollte nur, wer über ausreichend Erfahrung verfügt und den hierfür einzig sicheren Bandschlingenknoten kennt.

Umsteigen

Mit diesem Schlagwort bezeichnen Höhlenforscher alle Situationen, in denen von einem auf das nächste Seil umgestiegen werden muss. Dies kann beispielsweise bei zwei aneinander geknüpften Seilen der Fall sein. Der Verbindungsknoten passt durch keinen Abseiler, deshalb muss das Seil aus- und neu eingelegt werden. Zwischensicherungen sind jedoch die häufigeren Gelegenheiten, die Umsteigen erforderlich machen. Der Ablauf ist, bis auf kleine Ausnahmen, aber immer nahezu gleich. Unterschiede bestehen, je nach Richtung, aus der Sie zur Umsteigstelle kommen. Beim Aufsteigen wird Ihnen das Umsteigen zunächst leichter fallen.

Umsteigen im Aufstieg

In der Einseiltechnik ist ein wichtiger Grundsatz, immer zwei voneinander unabhängige Sicherungen zu verwenden. Deshalb müssen Sie, bevor Sie eine Ihrer

Umsteigen im Aufstieg: Sicherung mit Longe am Fixpunkt, die Bruststeigklemme wird ins nächste Stück eingehängt. Ist die Bruststeigklemme belastet, kann die Handsteigklemme nachgeholt und die Sicherungslonge ausgehängt werden. *Foto: thms*

Seilklemmen öffnen, für eine Zusatzsicherung sorgen. An einer Zwischensicherung hängen Sie beispielsweise Ihre Longe direkt in den Karabiner ein, in dem auch das Seil befestigt ist. Muss im freien Seil ein Knoten überstiegen werden, könnten Sie hierfür den Shunt verwenden. An Zwischensicherungen hängen Sie, nachdem Sie sich gesichert haben, zuerst die Bruststeigklemme in das neue Seil und holen dann die Handsteigklemme nach. An Knoten verfahren Sie genau umgekehrt.

Umsteigen beim Abseilen

Wenn Sie sich zu einer Umsteigstelle abseilen, müssen Sie sich zuerst über eine Longe sichern. Wenn Sie diese belasten, können Sie den Abseiler öffnen und das weiterführende Seil einlegen. Um nun wieder den Abseiler zu belasten, hängen Sie zusätzlich die Handsteigklemme mit Fußschlinge ein. In die Fußschlinge gestellt, richten Sie sich am Seil auf und können so den Abseiler weiter oben blockieren, also Seil durchziehen. Die Zwischensicherung ist wieder entlastet und lässt sich, ebenso wie die Handsteigklemme, aushängen. Weiter geht die Abfahrt.

CHECKLISTE: Was muss im Schacht griffbereit sein?

Zusätzlich zu bereits angelegtem Sitzgurt in Verbindung mit Bruststeigklemme und Brustgurt:

- Abseiler mit Karabiner und Bremskarabiner
- Handsteigklemme mit Sicherungsschlinge und Fußschlinge
- Longes mit Karabinern
- Evtl. Shunt mit zwei Karabinern und Sicherungsschlinge
- Messer für Notfälle, etwa wenn sich etwas verklemmt hat

Karabiner

Damit ein Karabiner überhaupt auf den Ladentisch kommen darf, muss er vorher in Funktion und Sicherheit nach UIAA bzw. EN 12275 (Sicherheitsnormen) geprüft werden. Dabei wird der Karabiner in einem Testgerät längs-, quer- und mit offenem Schnapper belastet. Die getesteten Werte werden in den Hauptschenkel des Karabiners eingeprägt. Querbelastung entspricht einer Querstellung des Karabiners, wobei der Zug auf Hauptschenkel und Schnapper kommt. Im

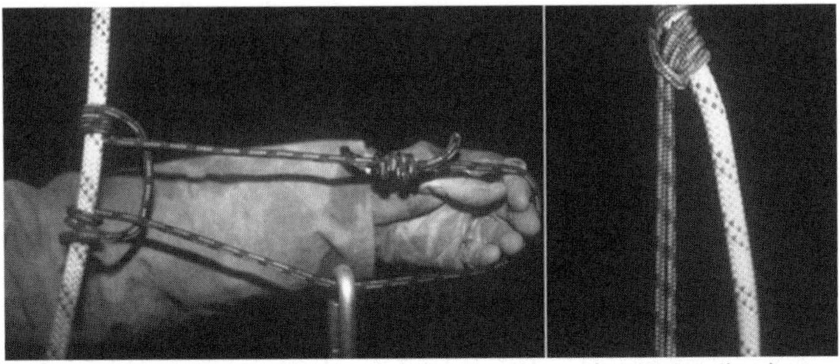

Mit einer Reepschnurschlinge wird der Prusik um das Steigseil gelegt. Rechts der Prusikknoten unter Belastung

Vergleich zur Längsbelastung, die immer die höchste Bruchlast aufweist, ist die Festigkeit eines Karabiners unter Querbelastung deutlich herabgesetzt. Die ungünstigste Belastung findet jedoch bei offenem Schnapper statt. Hierbei ruht die ganze Last lediglich auf dem Hauptschenkel, was bereits bei kleineren Stürzen zu Karabinerbrüchen führen kann.

Um diese Gefahren einzuschränken und die volle Belastbarkeit des Karabiners zu sichern, sollten Sie immer darauf achten, dass sich der Karabiner nicht in Querposition verdrehen kann. An besonders wichtigen Verbindungen (Seilbefestigungen, Sitzgurt etc.) sollten Sie nur Karabiner mit Verschlusssicherung (Verschlussschraube) verwenden. Es hat sich gezeigt, dass sich der Schnapper bei verschiedenen Gegebenheiten von selbst öffnen kann. Beispiele sind Seilvibrationen oder Schlag des Karabiners mit dem Hauptschenkel gegen den Fels. Natürlich hilft kein noch so ausgeklügelter Verschlussmechanismus, wenn dieser nicht verwendet wird. Prüfen Sie deshalb während einer Tour mehrfach, ob noch alle Karabiner verschlossen sind. Schraubkarabiner müssen, wie alle Karabiner, so eingehängt werden, dass der Schnapper nicht durch Anliegen am Fels aufgedreht oder aufgedrückt werden kann. Die Verschlussschraube sollte im geschlossenen Zustand nach unten zeigen, damit sie sich nicht durch Seilvibrationen selbst aufdrehen kann.

In der Höhlenforschung wird hauptsächlich der sog. Speläokarabiner verwendet. Er besitzt eine symmetrisch ovale Form und ist deswegen auch für den Flaschenzugbau, etwa in der Höhlenrettung, geeignet. Er ist sowohl als Normalkarabiner mit ungesichertem Schnapper als auch mit Verschlussschraube erhältlich.

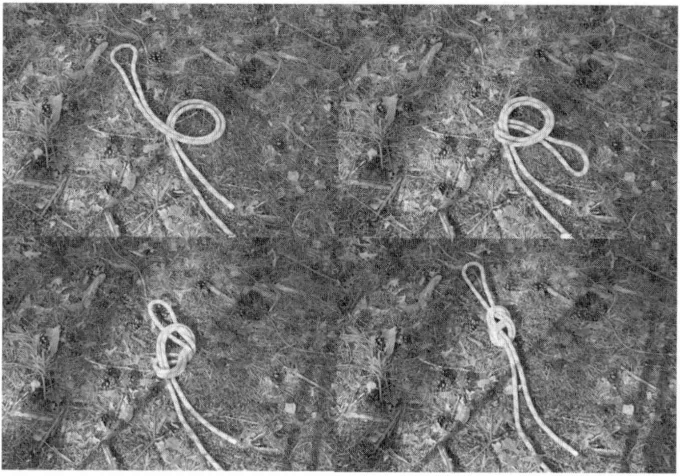

Achterknoten mit einer Schlinge gelegt

Knoten

Angesichts der Fülle verschiedenster Knoten gibt es unter Höhlenforscher Hardliner, die der Meinung sind, es sei besser, nur den Achterknoten zu lehren, als Anfänger mit mehreren Knoten zu verwirren. Tatsache ist, dass der Achterknoten in den meisten alltäglichen Situationen ausreicht. Vier, fünf Knoten gleichzeitig zu lernen und auf Dauer zu behalten, ist von vielen Anfängern zu viel verlangt. Trotzdem gibt es Knoten, die mehr können als der Achter. Es ist sinnvoll, den goldenen Mittelweg einzuschlagen und sich auf die wesentlichsten Knoten zu konzentrieren und diese sicher zu beherrschen. Deren Knüpfen muss zur Routine werden und ohne langes Nachdenken funktionieren. Erst wenn Sie einen Knoten mit verbundenen Augen oder unter dem Tisch (kein Glastisch!) richtig legen können, sind Sie in dessen Handhabung sicher. Ständiges Üben schadet nie. Legen Sie sich doch ein zwei Meter langes Seilstück zu und üben Sie jeden Tag einen anderen Knoten. Knoten aus einem Buch zu lernen, ist ähnlich spannend wie Häkelmuster lesen. Damit Sie nicht verzweifeln, empfehle ich, diese Zusammenstellung als Gedächtnisstütze, zusätzlich zum praktischen Üben mit Profis, zu verwenden.

Achter, Neuner, Zehner... und Hasenohr!

Der Achterknoten kann sowohl aus einer Schlinge gelegt werden als auch um eine Befestigung, wie z. B. einen Baum, gesteckt werden. Durch eine zusätzliche halbe oder ganze Drehung wird aus dem Achter ein Neuner- bzw. der Zehnerknoten. Diese beiden Knoten halten nicht nur mehr, sondern lassen sich beim Seilausbau auch deutlich leichter öffnen als der Achterknoten, der sich steinhart zusammenzieht, wenn viele Personen daran aufgestiegen sind. Eine weitere Variante des Achterknotens ist der doppelte Achter, auch Hasenohrknoten genannt. Er verteilt die Last einer Seilstrecke auf zwei Fixpunkte. Man sollte darauf achten, dass der Winkel zwischen beiden Aufhängungen 60 Grad nicht übersteigt.

Mastwurf und Halbmastwurf

Der Mastwurf ist ein sehr leicht zu legender Knoten. Er ist von beiden Seilsträngen voll belastbar und eignet sich besonders gut, um das Seil in Querungen von Fixpunkt zu Fixpunkt zu führen. Er verbraucht nur wenig Seil und lässt sich sehr leicht nachspannen ohne das Seil dabei aus dem Karabiner aushängen zu müssen.

Der Halbmastwurf, wie er unter Kletterern zur Halbmastwurfsicherung (HMS) verwendet wird, kommt in der Höhlenforschung nur selten zur Anwendung. Dann aber hauptsächlich ebenfalls zum Sichern. Der große Nachteil dieses Knotens ist das regelmäßig auftretende Seilkrangeln, bei dem sich das Seil um die eigene Achse verdreht. Dies schadet auf Dauer dem Seil, ist gerade beim Abseilen gefährlich und kostet Nerven beim Seil aufschießen.

Materialkunde: Knoten sind Schwachstellen in der Seilstrecke.
Der Grund hierfür ist dem für die Scharfkantenrisse beim Klettern verwandt. Durch die starke Seilbiegung wie sie an scharfen Kanten und auch innerhalb von Knoten auftritt, kommt es zu Stauchung und Zerrung gegenüberliegender Mantel- und Kernanteile. Die dabei wirkenden Scherkräfte können unter extremer Belastung zum Seilriss führen. Bestimmte Knoten können somit die Gesamtfestigkeit eines Seiles bis fast auf die Hälfte der normalen Festigkeit reduzieren. Durch sorgfältiges Knüpfen und Verteilung der Last auf mehrere Knoten, beziehungsweise Fixpunkte, kann dieses Risiko herabgesetzt werden. Damit der Knoten auch unter Belastung noch korrekt liegt, müssen Sie einen neu gelegten Knoten sofort mit Händen festziehen. Die Seilenden sollten immer mindestens 10 cm weit herausragen, um versehentliches Aufziehen zu vermeiden.

Seilstrecken einrichten und einbauen

Unter Einrichten wird allgemein das Setzen neuer Fixpunkte verstanden. Dies ist bei Erstbefahrungen nötig oder wenn bereits bestehende Befestigungen ausgebessert werden müssen. Sind Befestigungen eingerichtet, so muss bei folgenden Befahrungen nur noch das Seil eingebaut werden. In beiden Fällen steht dabei die Wahl der Fixpunkte, die richtige Aufhängung und der korrekte Einbau des Seils im Vordergrund. Auch wenn dies keine Aufgabe für Einsteiger ist, so hilft ein gewisses Hintergrundwissen, die Sicherheit einer Befestigung einschätzen zu können.

Was sind Fixpunkte?

Als Fixpunkte werden Aufhängungen bezeichnet, an denen das Seil sicher befestigt werden kann. Sicherheit und Festigkeit sind die Haupteigenschaften, die wir von Fixpunkten fordern. Sie sollten weder ausbrechen noch sich lockern können, wenn wir gerade am Seil hängen.

Seilbefestigungen müssen einiges aushalten. Zu unserem Körpergewicht muss nicht nur das Seileigengewicht und das unserer Ausrüstung addiert werden. Durch die Dynamik einer abseilenden oder aufsteigenden Person wird dieses Gesamtgewicht vergrößert, so dass auch bei einem normalgewichtigen Höhlenforscher Gewichtskräfte in der Größenordnung von mehreren hundert Kilogramm am Fixpunkt auftreten können. Diese Kraftmaxima können durch umsichtiges Verhalten am Seil weitgehend minimiert werden. So sollte starkes Bremsen beim schnellen Abseilen oder extrem ruckartiges Aufsteigen vermieden werden. Beim Einbau sollte versucht werden, die Last auf mehrere Fixpunkte zu verteilen. Zusätzlich müssen redundante Sicherungen eingebaut werden. Das sind zusätzliche Fixpunkte, die für den Fall, dass eine Sicherung ausbricht, die Last übernehmen. Minimum für eine Seilstrecke sind zwei voneinander unabhängige Befestigungen. Alle erdenklichen Arten von Fixpunkten können dabei kombiniert werden, was zusätzliche Risikostreuung bringt. Voneinander unabhängig sind Fixpunkte nur, wenn bei Ausfall des einen, der andere noch halten kann. Auch fünf Befestigungen am selben Baum nützen wenig, wenn dieser umfällt.

Natürliche Befestigungen

Bäume eignen sich übrigens sehr gut zur Seilbefestigung, aber nur solange sie grün und kräftig sind. Meiden Sie bitte generell alle abgestorbenen Bäume. Diese sind innen meist morscher als außen, weshalb der äußere optische Eindruck kein Kriterium für deren Festigkeit sein kann. Zur Befestigung an Bäumen können Sie das Seil entweder direkt um den Stamm knoten oder eine Bandschlinge mit Karabiner verwenden, was für den Baum schonender ist.

Zwischensicherung an einer Sanduhr, Bandschlinge mit Schraubkarabiner und Mastwurfknoten *Foto: thms*

Von Kletterern und Höhlenforschern gleichermaßen geschätzt, sind Sanduhren. Das sind feste Felsbrücken, an denen sich das Seil befestigen lässt. Jedoch muss jede Sanduhr vor Verwendung genau inspiziert werden, denn viele sind brüchig und deshalb zu gefährlich. Vorsicht ist bei der Befestigung an Blöcken geboten, die in Spalten verkantetet sind. Weder durch Begutachten noch durch Beklopfen können Sie ausschließen, dass sie nicht doch unter Belastung nachgeben.

Ähnlich problematisch sind freiliegende Felsblöcke, um die das Seil gebunden wird. Diese sind nur dann eine sichere Befestigung, wenn sie stabil liegen und genügend Masse besitzen, damit sie nicht durch den Seilzug weggeschleift werden.

Künstliche Befestigungen

Sanduhren sind selten, Bäume wachsen unter Tage nicht und Felsblöcke sind gefährlich. Klar, dass deswegen schon früh künstliche Fixpunkte erfunden wurden. Die Höhlenforschung hat viele technische Entwicklungen vom verwandten Bergsteigen übernommen. Deshalb wurden anfänglich auch in Höhlen Felshaken verwendet, die heute allerdings nicht mehr eingesetzt werden. Sollten Sie bei Ihrer nächsten Tour zufällig auf einen Felshaken stoßen, können Sie davon ausgehen, dass dieser dort schon länger steckt. Von einer Benutzung dieser Haken ist abzuraten, gerade weil ihre Lebensdauer durch die permanente Feuchtigkeit in Höhlen und die damit beschleunigte Korrosion sowieso begrenzt ist.

Moderne, künstliche Fixpunkte sind Bohrhaken und können überall gesetzt werden, wo die Felsbeschaffenheit das Einbohren zulässt. Zu ihnen zählen Spits, Anker (Expresshaken) und einzementierte Bühlerhaken.

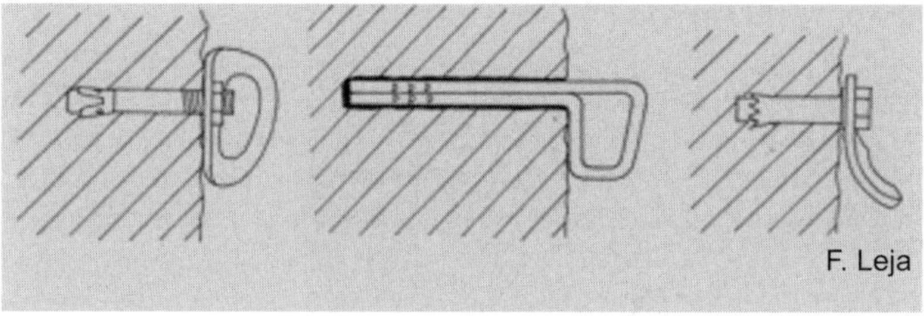

Korrekt gesetzter Anker (Expresshaken) Zementierter Bühlerhaken Spit (nicht normgerecht)

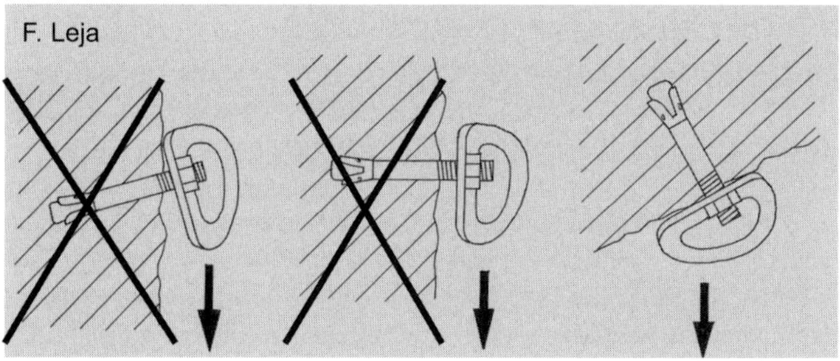

Falsch gesetzte Anker

Anker schräg eingebohrt Bruchgefahr!

Anker nicht tief genug gebohrt!

VORSICHT: Axiale Zugrichtung! Ausziehgefahr! (Nur wenn keine andere Möglichkeit besteht!

Spits

Spits können von Hand gesetzt werden. Die zylinderförmigen Metallhülsen haben an ihrer Vorderseite kleine Meißelzähnchen mit Hilfe derer der Spit unter ständigem Drehen in den Fels eingeschlagen wird. Bis das Bohrloch ausreichende Tiefe erreicht hat, vergehen gut 15 schweißtreibende Minuten. Es darf keinenfalls zu tief gebohrt werden, sonst kann nicht genügend Klemmwirkung zu Stande kommen. Diese beruht nämlich auf einem Metallkegel, mit dem der Spit, Kegel voran, in den Fels eingeschlagen wird. Der Kegel schiebt sich dabei in den Spit hinein und dehnt diesen auf. Schließlich wird von außen eine Schraube mit der Lasche (oder "Hänger") für den Karabiner eingeschraubt.

Da beim Spitsetzen viele Fehler unterlaufen können und sich gut oder mangelhaft gesetzte Spits optisch nur schlecht unterscheiden lassen, gelten diese als nicht normgerecht. Von Ihrer Verwendung sollte Abstand genommen werden.

PRAXIS: Zur Sicherung vor einem Schachteinstieg wurden zwei Spits gesetzt. Als dieses Seil ruckartig belastet wurde, flogen beide Spits nacheinander aus der Felswand. Glücklicherweise passierte nichts. Auf den Schreck folgte die Fahndung nach der Ursache: Zwei Fehler wurden beim Setzen der Fixpunkte begangen: Zum einen wurden sie derart im Fels positioniert, dass Längsbelastung (axial) stattfand. Zum anderen waren beide Löcher zu tief gebohrt, so dass nicht ausreichend Spreizwirkung zu Stande kommen konnte. Damit war die generell geringe Ausziehkraft so niedrig, dass beide Spits nachgaben.

Damit sich Bohrhaken normgerecht nennen dürfen, müssen sie einige Mindestanforderungen erfüllen. Die wichtigsten Kenngrößen sind dabei die radiale Bruchlast, die mindestens 25 kN betragen muss und der normalen Belastung rechtwinklig zur Hakenlängsachse entspricht sowie die axiale Bruchkraft - die Kraft, die mindestens gehalten werden muss, bevor der Haken aus dem Fels herausgezogen wird (Minimum 15 kN).

Eine Weiterentwicklung des einfachen Spit, der Longlife, trägt dem bereits Rechnung. Dieser gilt unter anderem deshalb als normgerecht, weil die Klemmwirkung optisch beurteilt werden kann. Mittels eines Drahtstiftes, der von außen eingeschlagen wird, kommt hierbei die Klemmwirkung zu Stande.

Anker und Expresshaken

Der Sicherheitsstandard in der Höhlenforschung ist inzwischen der Anker oder auch Expresshaken genannt. Es handelt sich dabei um Metallstifte, die mit ihrem Gewindeanteil aus dem Fels herausragen. Mit Hilfe einer Mutter wird die Lasche zum Einhängen der Karabiner festgeschraubt. Ein integrierter Spreizring sorgt für die Klemmwirkung, indem der Anker, nach Einschlagen in den Fels, wieder ein Stück herausgezogen wird. Dabei zieht sich der Spreizring in den schmalen Spalt zwischen Fels und Anker. Über die so entstandene Einpressung kommen die hohen Ausziehkräfte der Anker zu Stande. Wer bereits gesetzte Anker zum Seileinbau verwenden möchte, muss mit zwei Ankergrößen rechnen. Neben 8 mm starken Ankern werden inzwischen auch die noch deutlich festeren 10 mm-Versionen eingebohrt. Dies erfordert nicht nur verschiedene Schlüsselweiten zum anschrauben, sondern auch Ersatzmuttern in zwei Größen sowie Laschen mit passenden Bohrungsdurchmessern.

Anfänger müssen und sollten keine Anker einbohren. Dies erfordert viel Erfahrung, und oft den Einsatz einer Akku-Schlagbohrmaschine. Um einen vorhandenen Anker sicher beurteilen zu können, sollten Sie aber folgende Details auch als Anfänger beachten. In der Regel ist am Ankergewinde eine Farbmarkierung angebracht (z.B. schwarzer Ring), die eine Hilfestellung zum Einbohren darstellt. Von dieser Markierung sollte bei korrektem Einbau nichts sichtbar sein. Ragt sie dennoch aus dem Fels heraus, dann wurde der Anker nicht tief genug eingebohrt. Beim Anschrauben der Laschen sollten keine rohen Kräfte walten. "Handwarmes" anziehen der Muttern reicht völlig aus. Deren fester Sitz muss jedoch immer wieder überprüft werden, da Seilvibrationen zu Lockerungen führen können. Wenn sich Anker in irgend einer Weise bewegen lassen, sollten Sie von einer Verwendung absehen und den örtlichen Höhlenverein unterrichten. Schläge auf den Anker müssen unbedingt vermieden werden, siehe "Praxis" unten.

Für alle Bohrhaken gilt: Sie müssen im rechten Winkel zur Felsstruktur und mit der richtigen Tiefe gebohrt sein. Liegt die Lasche nicht vollständig am Fels an oder berührt sie den Fels gar nicht, weil der Haken zu weit herausragt, ist der Anker unbrauchbar! Auf Grund der möglichen Hebelkraft sind sie absolut bruchgefährdet!

PRAXIS: In einem canyonartigen Schacht wurde eine lange Querung mit nagelneuen Ankern eingerichtet. Kurze Zeit darauf, erhitzten sich die Gemüter einiger Höhlengeher über den vermeintlich "unsicheren" neumodischen Kram. Es wurde sich bei denen beschwert, die diese eingebohrt hatten. Auf deren Verwunderung hin, mussten sich die Kritiker erklären. Als sie vor den Edelstahlankern standen und nicht recht wussten, ob diesen zu trauen sei, schlugen sie mit dem Hammer auf den ersten Anker, um die Festigkeit zu testen. Daraufhin rutschte dieser ein Stück in den Fels hinein und war anschließend locker. Was war passiert? Nichts Außergewöhnliches, wenn man das Prinzip dieser Anker verstanden hat. Bei einem Schlag auf die Spitze rutscht der Anker nach innen und damit der Spreizring wieder vom Konus herunter. Der Anker ist locker. Unter normalen Bedingungen dürfte es kaum zu unbeabsichtigtem Lösen der Anker kommen. Also bitte, einfach nicht draufschlagen.

Bühlerhaken

Dieser Bohrhaken ist nach seinem Erfinder, dem Nürnberger Oskar Bühler, benannt. Anfänglich noch belächelt, hat dieser robuste, einzementierte Edelstahlhaken inzwischen nicht nur die Kletterszene erobert. Auch in vielbefahrenen Schachthöhlen wird er zunehmend verwendet.

Das Seil richtig einhängen

Wenn das Seil nicht direkt um einen Baum oder durch eine Sanduhr geknotet werden soll, werden Bandschlingen verwendet. Diese werden durch einen Schraubkarabiner mit dem Seilknoten verbunden. Das Seil darf niemals direkt in die Bandschlinge eingeknotet werden, da diese sonst durchscheuern und reißen kann!

Bild 1: Kräfteverteilung: der Winkel der Bandschlinge sollte 60 Grad nicht überschreiten.
Bild 2: Beim Verbinden zweier Fixpunkte mit Bandschlinge muss diese mit einem Schenkel verdreht in den Karabiner eingehängt werden.
Bild 3: So hält die Befestigung auch nach Ausbruch eines Fixpunktes.
Fotos: thms

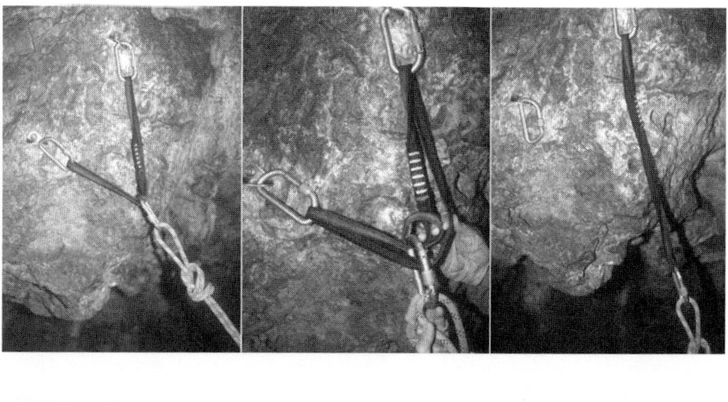

Auch in Bühlerhaken und Laschen an Bohrhaken darf das Seil nie direkt eingeknotet werden. Der Karabiner wird so eingehängt, dass der Schraubverschluss nicht an der Felswand reibt und sich öffnen kann. Zur gleichmäßigen Belastung zweier Fixpunkte können der Hasenohrknoten oder eine Bandschlinge verwendet werden. Dabei muss der Winkel zwischen beiden Schenkeln kleiner als 60 Grad sein, um nach den Gesetzen der Physik die Kraft auch wirklich auf mehrere Punkte zu verteilen. Die Bandschlinge muss vor dem Einhängen in sich verdreht werden, um bei Bruch eines Fixpunktes die Last auf den zweiten abzugeben.

Seile brauchen Schutz

Um das Seil zu schonen, sollte Scheuern am Fels generell vermieden werden. Ideal ist, wenn das Seil völlig frei hängt. Da sich dies gerade am Zustieg zu Schächten selten realisieren lässt und das Seil meist über die Schachtkante läuft, muss es durch einen Seilschoner geschützt werden. Seilschoner sind flexible Textilschläuche, die sich der Länge nach mit einem Klettverschluss öffnen lassen.

Anbringen eines Seilschoners an einer Scheuerstelle Foto: thms

Beim Abseilen werden sie geöffnet und nach Passieren der Stelle über dem Abseiler wieder um das Seil gelegt. Dabei muss jedes Mal darauf geachtet werden, dass der Seilschoner wieder die gefährdete Stelle schützt. Auch der Schleifsack kann dafür herhalten, indem er leer unter das Seil gelegt wird.

Etwas aufwändiger und in der Handhabung vor allem bei Anfängern unbeliebt, ist das Abspannen des Seils. Dazu wird das Seil vom gegenüberliegenden Schachtrand mit einem anderen Seil so auf Spannung gehalten, dass es nicht mehr auf der Kante aufliegt.

Werden zwei parallel laufende Seilstrecken eingerichtet, muss unbedingt vermieden werden, dass sich beide Seile berühren oder über Kreuz laufen. Rhythmische Seilbewegungen beim Abseilen und ganz besonders beim Aufsteigen, können zu extremer Reibungswärme führen, so dass die Seile schmelzen.

Zustiege sichern!

Auf die Gefahren von Schachtzustiegen habe ich bereits hingewiesen. Der korrekte Einbau einer Seilstrecke beginnt mit der Sicherung des Zustiegs. Im sicheren, ebenen Gelände sollte der erste Befestigungspunkt gesucht werden. So können Sie sich bereits zur Abseilstrecke hin beim Seileinbau sichern. Im Eingangsbereich von Schächten ist es immer feucht und rutschig. Leicht könnten Sie auch auf Laub und nassem Fels abrutschen und in die Tiefe stürzen. Auch Aufregung vor der bevorstehenden Schachtbefahrung, Ungeduld oder kalte Hände und Füße können zu Flüchtigkeitsfehlern führen. Besser, Sie sind im Ernstfall gesichert.

Querungen gehen

Querungen sind die nächsten Verwandten der Klettersteige unter Tage. Wann immer senkrechte Passagen horizontal begangen werden sollen, muss "gequert" werden. Bei Neubegehungen ist es die Aufgabe des Ersten die Querung einzurichten. Er versucht möglichst weit zu klettern, bis er wieder eine Befestigungsmöglichkeit findet oder einen Haken einbohren kann. Hierbei ist wegen der Sturzgefahr mit Kletterseilen zu sichern. Wo nicht geklettert werden kann, wird der nächste Bohrhaken so weit entfernt eingebohrt, wie der Arm reicht. So entsteht eine Kette von vielen Fixpunkten, an denen das Seil befestigt wird. Zum Seileinbau in Querungen eignen sich ovale Schraubglieder und normale Schraubkarabiner. Als Knoten Achter-, Schmetterlings- oder Mastwurfknoten.

Es gibt keine einheitliche Technik, um Querungen zu begehen. Manche bestehen wie Klettersteige aus mehreren Kletterstellen hintereinander. Andere dagegen führen durch senkrechte Felswände ohne jegliche Tritte und Griffe. Während es bei ersterer Variante genügt sich über zwei Longes zu sichern, ist das Begehen der zweiten deutlich kraft- und zeitraubender. An Zwischensicherungen wird immer nur eine Longe ausgehängt und in die nächste Seilstrecke eingehängt, damit Sie keinen Augenblick ungesichert sind. Alle in diesem Kapitel bereits beschriebenen Geräte können in Querungen nützlich sein. Wichtig ist, dass Sie sich immer um ausreichende Sicherung bemühen, keine unnötigen Risiken einge-

Querung gehen: Beide Seilsicherungsschlingen (Longen) werden nacheinander in das nächste Seilstück eingehängt, nie gleichzeitig!
Foto: thms

hen, und zugeben, wenn Sie sich überfordert fühlen. Sind Sie sich unsicher, sollten Sie vom Begehen der Querung absehen.

Verhalten am Seil und in Schächten

In diesen gefährlichen Höhlenteilen ist es besonders wichtig, dass sich die einzelnen Gruppenmitglieder aufeinander verlassen können. Das umfasst nicht nur Hilfsbereitschaft in Notsituationen, sondern schließt auch viele Kleinigkeiten ein, die das Zusammenspiel in der Gruppe leichter und sicherer machen, und unter Höhlenforschern als selbstverständlich gelten.

Grundregel Nummer Eins ist auf die **eigene Sicherheit** zu achten. Wenn Ihnen in der Höhle etwas zustößt, weil Sie sich leichtsinnig verhalten haben, ist dies nämlich nicht allein Ihr Problem. Ihre Gruppe muss für die Rettung sorgen. Vergessen Sie nicht, sich ausreichend zu sichern! Dazu gehört eine doppelte Sicherung auf Querungen und sich im Bereich von Schachteingängen anzuseilen.

In jeder Seilstrecke befindet sich im Normalfall **nur eine Person**. Das bedeutet, bevor Sie in Querungen Ihre Sicherung in die nächste Passage einhängen, muss der vor Ihnen Gehende diese verlassen haben. Beim Aufstieg wird gewartet, bis der Vorsteigende das Seil freigegeben hat. Einzige Ausnahme von dieser Regel ist der Rettungsfall, wenn es gilt, jemanden aus dem Seil zu retten.

Wie beim Klettern, braucht es auch in Schächten wegen der schlechten Sichtverhältnisse eine **deutliche und unmissverständliche Kommunikation**. Nach dem Abseilen, wenn Sie sicher auf dem Schachtgrund stehen und das Seil ausgebunden haben, verlassen Sie den Gefahrenbereich (Steinschlag!) und rufen laut und deutlich "FREI" nach oben. Dadurch weiß der Nachkommende, dass Sie in Sicherheit sind und er ans Seil kann. Oft hört man auch "SEIL FREI", was im Grunde genauso gut ist, jedoch in riesigen Schächten und Hallen akustisch oft so stark verwischt, dass es nicht mehr verstanden wird. Auch beim Aufstieg und in Querungen muss das Verlassen eines Abschnitts mitgeteilt werden, denn auch hier geht oft der direkte Blickkontakt zum Vordermann verloren.

Wenn es zu Warteschlangen vor dem Abseilen oder Aufsteigen kommt, sollten Sie **Sicherheitsabstand** halten. Am Schachtrand ist die Gefahr Steine loszutreten besonders groß. Generell sollte sich deshalb niemand direkt unter einer aufsteigenden Person aufhalten.

Vor Steinschlag warnen! Mal vorausgesetzt, dass niemand so unverschämt ist, mit Steinen nach Kameraden zu werfen, muss dennoch mit versehentlichem Lostreten und unvorhersehbarem Lösen von Steinen gerechnet werden. In diesen Fällen ist oberstes Gebot all diejenigen zu warnen, die getroffen werden könnten. In der Praxis hat sich dabei ein lautes "STEIN" oder "ACHTUNG STEIN" eingebürgert. So einfach wie sich das anhört, ist es aber nicht. Derjenige, der seine Freunde warnen will, möchte, dass diese wenig Angriffsfläche bieten und in Deckung gehen. In der Praxis sehen die Reaktionen auf eine solche Warnung jedoch oft anders aus: Stellen Sie sich vor, Sie haben eine anstrengende Tour hinter sich und wollen endlich am Seil aufsteigen. Sie sind müde und in Gedanken vielleicht schon beim Abendessen. Plötzlich kommt von oben der Ruf "STEIN". Sie schauen reflexgesteuert nach oben und wenn Sie Pech haben könnte Sie der Stein direkt ins Gesicht treffen. Aus diesem Grund wurde schon vielfach vorgeschlagen, auf die Warnung zu verzichten, damit der Stein, wenn er schon trifft, auf den Helm prallt. Nicht zu warnen ist aber unverantwortlich. Der Stein könnte genauso die Schulter treffen und wer dann noch mit lädierter Schulter aufsteigen muss, weil er nicht gewarnt wurde, wird wenig dankbar sein. Bleiben Sie also immer aufmerksam und meiden Sie generell Aufenthalt in Gefahrenzonen.

Auch der **Partnercheck** ist eine Grundregel des Zusammenlebens unter Tage. Weisen Sie freundlich darauf hin, wenn an der Ausrüstung eines anderen etwas nicht in Ordnung ist.

Kontrollieren Sie alle Seile, Knoten und Befestigungen, bevor Sie diese belasten. Fassen Sie kurz an die Verschlussschrauben der Karabiner und testen, ob diese noch fest zugedreht sind. Karabiner übrigens besser nicht unter Last zudrehen, da sie sonst beim Ausbauen der Seile ohne Belastung nur schwer zu öffnen sind. Vergessen Sie auch nicht, regelmäßig Ihren Halbrund zu kontrollieren!

In Gruppen, die aus Leuten unterschiedlicher Erfahrung und Kondition bestehen, ist es sehr wichtig, **während der Tour immer zusammenzubleiben** und nach Seilpassagen auf den Letzten **zu warten**. Wer droht den Anschluss zu verlieren gerät in Zeitdruck und macht Flüchtigkeitsfehler. Außerdem muss jederzeit ein Erfahrener zur Stelle sein, um Hilfestellung geben zu können. Bedenken Sie auch, wie viel wertvolle Zeit bei einem Unfall verrinnt, wenn die Gruppe nicht zusammen zur Stelle ist und helfen kann. Anfänger sollten grundsätzlich in die Mitte genommen werden, da sie der Hintermann so besser im Blick hat.

Am Schachtausstieg muss mit dem Ablegen der Ausrüstung gewartet werden, bis der Letzte wieder sicher oben angekommen ist. Es könnte sein, dass jemand im Seil schnell Hilfe braucht. Wenn Sie dann erst den Sitzgurt anlegen...

Es ist normalerweise Teil einer guten Ausbildung, dass diese Verhaltensregeln von den Ausbildern an ihre "Einseiltechnikschüler" weitergegeben werden. Dennoch scheint, dass diese Gepflogenheiten, die eigentlich Kleinigkeiten sind und den Spaß an der Sache nicht schmälern, sondern erhalten sollen, mehr und mehr in Vergessenheit geraten. Höhlenbefahrungen sind keine Adventure-Trips, bei denen sich jeder um sich selbst kümmern muss, weil die restliche Verantwortung beim "Guide", dem Veranstalter oder sonst wem liegt. **In der Höhle hängt vom Verhalten eines Einzelnen die Sicherheit der ganzen Gruppe ab**.

Sie haben einiges über Einseiltechnik gelesen. Dass dies nicht nach einmaligem Lesen verinnerlicht werden kann, ist normal. Was ich versucht habe darzustellen, sind nur die "Basics", die Grundlagen der SRT. Nehmen Sie sich für den Anfang nicht zu viel vor! Ein steiler Hang oder kleiner Fels bietet für die ersten Schritte die idealen Voraussetzungen. Optimal sind Lernerfolge, wenn man sich von Profis einweisen lässt. Viele Höhlenforschergruppen organisieren in regelmäßigen Abständen Übungen, bei denen Anfänger und Fortgeschrittene die Einseiltechnik trainieren können. Erkundigen Sie sich nach dem nächsten Höhlenverein.

Andere Schachttechniken

Nachdem keine Technik so universell, sicher und populär wie die Einseiltechnik ist, werde ich nur kurz auf Alternativen eingehen. Der **Dülfersitz** ist z. B. noch ein Relikt aus der Vor- und Frühgeschichte der Seiltechnik. Dabei wurde ein Doppelseil zwischen beiden Beinen hindurch, einmal um die Hüften und über die Schulter wieder nach hinten geführt. Klingt einfach und ist es eigentlich auch. Nur erfordert diese Technik viel Übung und Geschick. Die Bremswirkung kommt nur durch Seilreibung am Körper zu Stande und die Hauptlast lässt das Seil tief einschneiden. Schmerzhaft ist dies vor allem zwischen den Beinen. Viele Abstürze hatten diese Abfolge: Schmerzen im Schritt, schnelleres unsicheres Ablassen, Hände am Seil verbrennen, Absturz. Seit Erfindung der Einseiltechnik sollte deshalb der Dülfersitz der Vergangenheit angehören.

Auch mit dem Dülfersitz konnten Höhlenforscher nicht in jeden Schacht absteigen. "Dülfern" ohne direkten Wandkontakt und über lange Strecken ist nämlich sehr schwierig. **Seilwinden und Flaschenzüge** aus der Pionierzeit der Höhlenforschung waren jedoch viel zu aufwändig. Also wurden spezielle **Strickleitern** gebaut, die möglichst lang und leicht sein mussten. Hanfstrickleitern waren dick und schwer, und wie alle organischen Fasern faulten und rissen sie manchmal. Als die ersten Polyamidseile auf den Markt kamen, wurden Konstruktionen aus Holzsprossen und dünner Reepschnur gebaut. Der Durchbruch kam jedoch mit Erfindung der **Drahtseilleitern**, aus Stahldraht und Aluminiumsprossen. Diese Art Strickleiter ist auch heute noch gebräuchlich. Sie wird hauptsächlich in einer Länge von 10 Metern angeboten, wobei mehrere Leitern über so genannte Hadesringe miteinander verbunden werden können.

Drahtseilleitersteigen erfordert Geschick und Balance, denn im Gegensatz zu starren Leitern schwanken und pendeln sie. Um sicher stehen zu können, muss immer ein Fuß von vorne und einer von hinten auf die Sprossen treten. Mit den Händen wird ebenfalls von hinten gegriffen, um mit dem Körperschwerpunkt möglichst nah an die Leiter heranzukommen. Eine zusätzliche Seilsicherung ist unerlässlich. Wenn die Finger ermüden oder die Füße ausrutschen, gibt es sonst kein Halten mehr. Zum Sichern über ein Bergseil kann z. B. die Halbmastwurfsicherung (HMS) verwendet werden. Alternativ kann sich jeder selbst an einem parallel eingehängten Seil (z.B. mit Shunt) sichern. In beiden Fällen muss aber, wie in der SRT, ein Sitz- und Brustgurt verwendet werden. Wenn Sie kurz zusammen-

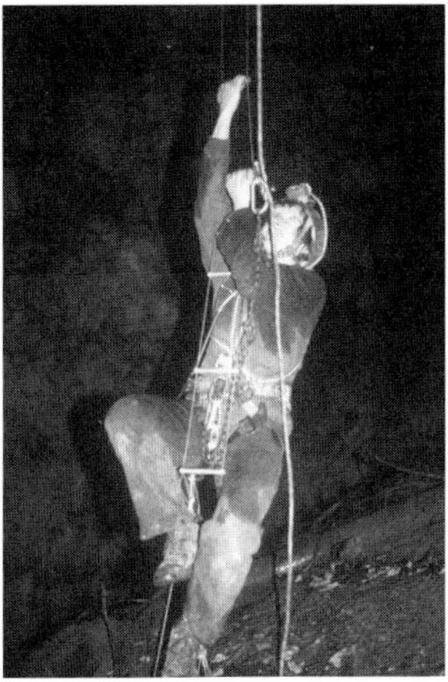

Aufstieg an der Drahtseilleiter: Zusatzsicherung mit Shunt
Foto: thms

rechnen, welche Ausrüstung zum lehrbuchgerechten Einsatz von Drahtseilleitern erforderlich ist, dann ist das im Grunde die normale SRT-Ausrüstung. Warum also nicht die Leiter weglassen und nur am Seil gehen? Faktisch gibt es keine Anwendung der Drahtseilleitern, die nicht ebenso gut und vermutlich sicherer mit Einseiltechnik zu bewältigen wäre. Dazu muss die SRT aber beherrscht werden, was nicht von jedermann erwartet werden kann. Wenn beispielsweise Wissenschaftler, die nicht regelmäßig in Höhlen gehen, unter Tage arbeiten wollen, dann ist es für die begleitenden Höhlenforscher einfacher, diese in Leiterpassagen zu sichern, als einen Lehrgang in Einseiltechnik abzuhalten. Auch Kindern fällt Leitersteigen einfacher und die sichernden Personen haben, über das Sicherungsseil, zusätzlich Kontrolle über die Sicherheit der Kinder. Ihre "Daseinsberechtigung" haben Drahtseilleitern also noch nicht ganz verloren.

PRAXIS: Warum nur mit Brust- und Sitzgurt sichern?

Wie unter Bergsteigern, wurde in Höhlen oft nur über einen Brustgurt gesichert. Dies gehört längst der Vergangenheit an. Wer nur am Brustgurt hängt, bekommt bereits nach kurzer Zeit massive Schmerzen. Durch Abklemmung der Blutzufuhr kommt es zur Lähmung der Arme, weshalb sich Gestürzte auch nicht mehr selbst helfen können. Wenn ein Sturz nur von einem Brustgurt gehalten wird, sind schwere Prellungen und Rippenbrüche noch die geringeren Übel. Wirbelsäulen- und Rückenmarksverletzungen, Lungendurchspießung durch gebrochene Rippen und Lungenkollaps (Pneumothorax) können die tödlichen Folgen sein. Beim Sichern nur mit Sitzgurt besteht die Gefahr des Herauskippens. Dabei ist es möglich, ganz aus dem Sitzgurt herauszurutschen oder kopfüber im Seil hängen zu bleiben. Unfälle, die so einfach zu vermeiden sind, indem Sitz- und Brustgurt zusammen verwendet werden, dürfen nicht mehr vorkommen.

Vor dem Ausrüstungskauf

Ist die Grundausrüstung für das Hobby "Höhle" schon teuer genug - für die komplette Schachtausrüstung werden Sie sicher noch mal einen größeren Betrag auf den Tisch legen müssen, um die ganzen schönen Karabiner und Gurte ihr Eigen nennen zu können. Sie sollten jedoch von Anfang an die komplette Ausrüstung für Schachthöhlen besitzen, bevor Sie in der nächsten Höhle abseilen und unten feststellen, dass Sie für den Aufstieg noch nichts dabei haben. Um aber nicht alles auf einmal kaufen zu müssen, können Sie vorher nach Leihmöglichkeiten Ausschau halten, um wenigstens mal ausprobieren zu können, wie Ihnen die Einseiltechnik liegt. Lassen Sie sich außerdem kompetent beraten, bevor Sie sich zum Kauf hinreißen lassen. Ein Höhlenverein, dem Sie sich sowieso anschließen sollten, hilft Ihnen sicher gerne weiter. Dort können Sie auch gleich die ersten Schachtbefahrungen unter fachkundiger Anleitung durchführen.

In einem versinterten Schluf (Engstelle) *Foto: thms*

Wasser- und Eishöhlen, Einbrüche und Versturz

Die teilweise extremen Herausforderungen in Wasser- und Eishöhlen würden eigene Kapitel rechtfertigen. Dennoch werden sie hier nur knapp skizziert, weil diese Höhlen eher die Ausnahme in Deutschland sind. Sie zu befahren, erfordert besondere Erfahrung, weshalb sich der Anfänger zunächst unbedingt ortskundigen und erfahrenen Höhlenforschern anschließen sollte. Diese sind in Höhlenvereinen zu finden und wissen am besten um die speziellen Gefahren der Höhlen in ihrem Gebiet.

Auf das Thema Höhlentauchen kann hier aus Platzgründen leider nicht eingegangen werden. Im Vergleich zu allen anderen Höhlenbefahrungen ist Höhlentauchen so gefährlich, kompliziert und umfangreich, dass es ein eigenes Buch füllen würde. Im Folgenden werden nur Befahrungen beschrieben, bei denen kein Tauchen mit technischem Gerät nötig ist.

Wasserhöhlen

Wasserhöhlen sind besonders reizvolle Höhlen. Nirgends sonst haben Sie die Möglichkeit, auf unterirdischen Flüssen mit dem Schlauchboot unterwegs zu sein oder in märchenhaften Seen zu schwimmen. Um so wichtiger ist es, genau über die besonderen Gefahren von Wasserhöhlen Bescheid zu wissen und das Risiko kalkulieren zu können. Die wahrscheinlich größte, wenn auch unspektakulärste Gefahr geht von der Wassertemperatur aus. In durchschnittlich 6 bis 8°C kaltem Wasser kühlt der Körper in Ruhephasen rasch aus. Dies passiert vor allem dann, wenn die Grenzen der eigenen Kondition überschritten werden und Ermüdung oder schlimmer, Erschöpfung eintritt. Aber auch in gefluteten Engstellen, in denen Sie sich vielleicht länger aufhalten als geplant oder während anderer Zwangspausen, kann der Kälteverlust bedrohliche Ausmaße annehmen.

Die Ausrüstung für Touren in Wasserhöhlen muss dieser Gefahr entgegenwirken. Neoprenanzüge, aus demselben Material wie Tauch- und Surfanzüge, sind ein absolutes Muss. Je nach Wassertemperatur und je nachdem wie lange Sie sich im Wasser aufhalten, muss der Neoprenanzug um Handschuhe und Kopfhaube ebenfalls aus Neopren ergänzt werden. Unabhängig davon sollten Sie immer auch

Neoprensocken in Ihren Stiefeln tragen, um warme Füße zu haben. Surfschuhe erfüllen zwar prinzipiell den gleichen Zweck, jedoch sind diese meist nicht widerstandsfähig genug, um scharfen Felskanten zu trotzen. Auch in Wasserhöhlen stellt sich natürlich die Frage nach den richtigen Schuhen. Gummistiefel scheinen zwar primär geeigneter, doch meist ist das Wasser zu tief, als dass sie trocken halten würden. Also laufen sie voll Wasser und können dadurch schnell mehrere Kilogramm schwer werden. Um sich nicht mit diesem zusätzlichen Gewicht zu belasten, bohren einige Höhlenforscher Löcher in die Stiefel, damit das Wasser wieder ablaufen kann. Bergschuhe können, ebenfalls zusammen mit Neoprensocken, auch in Wasserhöhlen getragen werden, solange sie Wasser vertragen. Achtung, neue Lederschuhe können durch Wasser eingehen!

Egal welche Beleuchtung Sie in Wasserhöhlen nehmen - sie muss absolut wasserdicht sein. Karbidlampen können verwendet werden. Durch den höheren Umgebungsdruck unter Wasser tropft mehr Wasser auf das Karbid und die Brenndauer nimmt ab, weshalb die Dosierspindel etwas zugedreht werden sollte. Natürlich müssen Sie hier besonders auf das Ersatzkarbid achten. Bei Kontakt mit Feuchtigkeit entwickelt sich explosives Acetylengas, weshalb Karbid absolut wasserdicht verpackt werden muss. Dafür empfehlen sich Weithalsflaschen oder Kunststofftonnen mit Schraubdeckel. Im Zweifelsfall schwimmen diese sogar, wenn sie nicht zu schwer gepackt wurden, samt Packsack auf dem Wasser.

Praxis: Schleif- und Packsäcke für Wasserhöhlen müssen im Boden ein Abflussloch haben. Andernfalls sammelt sich dort unbemerkt Wasser und schnell tragen Sie einige unnötige Kilos auf dem Rücken. Weil ein solches Abflussloch fehlte, gab es bereits einen tödlichen Unfall. In einem Schacht mit Wasserfall füllte sich der Schleifsack eines am Seil aufsteigenden Forschers mit Wasser. Randvoll dürfte der Schleifsack, der unter ihm hing, rund 80 Kilogramm gewogen haben. Vor Erschöpfung nicht mehr in der Lage, den schweren Sack abzuwerfen oder wieder abzuseilen, starb der Höhlenforscher am Seil hängend an Unterkühlung.

Siphons

Die bekannteste Gefahr der Wasserhöhlen liegt in den schnell schwankenden Wasserpegeln. Gierig greift es die Presse auf, wenn das Wasser wieder einmal irgendwo Höhlenforscher eingeschlossen hat. Ursache sind meist Siphons, Höhlenteile, in denen das Wasser bis zur Höhlendecke oder zumindest dicht darunter steht. Während in den so genannten echten Siphons, also in völlig unter Wasser stehenden Teilen, getaucht werden muss, können solche Siphons, die wenige Zentimeter Luft freilassen, mit starken Nerven überwunden werden. Meist hangeln sich die Höhlengänger mit der Nasenspitze nach oben, auf dem Rücken schwimmend unter der Decke entlang. Nur darf das Wasser in solchen Passagen natürlich nicht ansteigen, sonst ist der Rückweg abgeschnitten.

Um dieses nie völlig beherrschbare Risiko wenigstens etwas kalkulieren zu können, erfordern Touren in Wasserhöhlen zusätzliche Vorbereitung. In erster Linie besteht diese, wie schon beschrieben, in der Beschaffung möglichst exakter Informationen über die Höhle. Auskünfte von Personen, welche die Höhle und ihre riskanten Stellen gut kennen, sind dabei mindestens genauso wichtig wie ein exakter Höhlenplan.

Hintergrund: Warum steigt das Wasser in Höhlen so schnell?

Grundlage dafür, dass unterirdische Flussläufe derart rasant anschwellen können, und immer wieder Höhlengänger vom Wasser eingeschlossen werden, ist die Landschaftsform, in der wir die meisten Höhlen finden: Der Karst. Im Karst dringen Regenwässer in den kalkhaltigen Untergrund ein und fließen durch unterirdische Höhlensysteme rasch ab. Während eines Gewitters fallende Wassermassen sammeln sich oberirdisch und verschwinden über Zulaufgräben in Wasserschlingern, so genannten Ponoren. Diese Ponore sind die Zuläufe ausgedehnter Höhlensysteme, die teils riesige Oberflächen entwässern. Dadurch, dass sich das Regenwasser auf großen Flächen sammelt und nur wenig versickert, können auch bei kleinen Regengüssen große Wassermengen in den Schlucklöchern der Ponore verschwinden. Auch muss es nicht zwingend am Höhleneingang regnen. Die Wasserpegel steigen auch, wenn es weiter entfernt, im hinteren Einzugsgebiet regnet.

Genaue Wetterinformationen sind deshalb überlebenswichtig. Nur wenn der Wetterbericht entwarnt und unmittelbar vor Betreten der Höhle auch keine Anzeichen für Regen bestehen, darf die Tour in eine Wasserhöhle beginnen. In allen anderen Fällen, selbstverständlich auch, wenn die Wetterlage unklar ist, muss von der Befahrung von Wasserhöhlen abgesehen werden.

Die Befahrung von Wasserhöhlen erfordert, wie im Grunde jede Höhlentour, ein hohes Maß an Vorsicht und Rücksicht in der Gruppe. Treten Zeichen der Unterkühlung (Kältezittern) oder Ermüdung auf, ist die Tour abzubrechen. Im Gepäck sollten immer heiße Getränke und hochkalorische Nahrung (Schokolade etc.) vorhanden sein. Vom Trinken des Höhlenwassers, ohne vorheriges Abkochen oder chemische Aufbereitung, ist dringend abzuraten. Im Karst werden Oberflächenwässer kaum gereinigt, da sie relativ schnell in größere Spalten abfließen. Unter Tage muss daher mit allem Unangenehmen gerechnet werden, was durch Verkehr und Landwirtschaft in den Boden gelangt. Die Infektionsgefahr ist demnach nicht zu unterschätzen.

Befahrung einer Wasserhöhle mit dem Schlauchboot *Foto:thms*

Riskante Manöver, wie freies Durchtauchen von Siphons, dürfen nicht ohne kundige Begleitung erfolgen. Manche Wasserhöhlen sind so groß, dass sich der Einsatz von Schlauchbooten rechtfertigt. Eine Schwimmweste zusätzlich zu tragen ist empfehlenswert. Während der Tour ist auf Veränderungen der Wasserstände zu achten, um bei steigenden Pegeln rasch den Rückzug antreten zu können. Wer dennoch vom Wasser eingeschlossen wird, muss besonnen reagieren. Für diesen Fall sollten Vorkehrungen getroffen worden sein. So ist es beispielsweise wichtig zu wissen, welche Höhlenteile in aller Regel nicht geflutet werden, um sich dorthin zurückziehen zu können. Oft sind an diesen Stellen Erste-Hilfe-Material und Nahrungsmittel deponiert, was einen jedoch nicht davon entbindet, selbst Notrationen mit sich zu führen. Es bleibt schließlich den Unglücksraben nichts anderes übrig als abzuwarten - entweder bis sich das Wasser zurückzieht oder Hilfe kommt. Damit Sie überhaupt auf Hilfe hoffen können, sollten Sie bei der Planung nicht vergessen, jemandem Bescheid zu geben in welcher Höhle Sie sind. Diese Person benötigt für den Ernstfall unbedingt detaillierte Informationen. Wie viele sind eingeschlossen? Wie ist deren Erfahrung und Kondition? Sind die Eingeschlossenen auf diese Situation vorbereitet und körperlich wie psychisch in der Lage, einige Stunden auszuharren? Ist direkte Gefahr im Verzug, beispielsweise dadurch, dass einer der Teilnehmer dringend Medikamente einnehmen müsste oder auch, wenn überhaupt keine Informationen über die Eingeschlossenen vorliegen, rückt in aller Regel sofort die Höhlenrettung an. Sie müssen sich bewusst machen, dass eine solche Rettungsaktion auf Ihre Kosten stattfindet, auch wenn sich im Nachhinein herausstellt, dass sie nicht notwendig gewesen wäre.

Eishöhlen

Höhlen, in denen ganzjährig Vereisung anzutreffen ist, werden als Eishöhlen bezeichnet. Entscheidend dafür, ob in einer Höhle Eis vorkommt, ist die Jahresmitteltemperatur des umgebenden Gesteins. Ihr Vorkommen ist daher in Mitteleuropa auf die großen Gebirge beschränkt.

Bei den oft kraftraubenden Aufstiegen im Gebirge, muss besonders gewichtssparend gepackt werden, gerade weil für Eishöhlen noch einige zusätzliche Ausrüstung notwendig ist. Bei Temperaturen unter oder um 0°C muss auf warme Kleidung unter dem Schlaz geachtet werden. Unterschlaze, Thermowäsche, Fleecekleidung, Thermosocken und Handschuhe weiß jeder zu schätzen, dem in einer solchen Höhle schon einmal vor Kälte die Finger blau anliefen. Wann immer Sie einen Fuß auf das Eis setzen, sind Steigeisen zu tragen. Auch wenn es sich nur um einen gefrorenen, ebenen Eissee handelt, denn gerade diese Eisflächen sind oft "spiegelglatt", weil das Wasser ohne jeden Luftzug anfrieren kann. Nicht selten gehen ebene Flächen auch in senkrechte Schächte oder Eiswälle über.

Steigeisen für Höhlen sollten 12 Zacken (davon zwei Frontalzacken) pro Schuh besitzen, um den nötigen Halt auch auf schrägen Eisflächen und in Eisschächten zu garantieren. Nicht jeder Schuh passt zu jedem Steigeisen. Lassen Sie sich deshalb im Fachhandel kompetent beraten.

Der Umgang mit Steigeisen erfordert einige Erfahrung und sollte zunächst in ungefährlichen Eishöhlen ausprobiert werden. Wie beim Eisklettern, schleifen manche Höhlenforscher die Zacken zusätzlich an, um den Eisen mehr Biss im massiven Eis zu geben. Bei jedem Schritt muss aufgestampft werden, damit die Metallzacken richtig im Eis greifen. Passen Sie dabei aber auf, dass Sie sich mit den scharfen Zacken nicht selbst verletzen. Achten Sie auf schrägen Eisflächen, besonders wenn Sie Steigeisen mit Riemenbindung besitzen, auf deren festen Sitz. Gefährliche rutschige Passagen sollten immer zusätzlich mit Seilen versichert werden. Beim Gehen mit Steigeisen bleibt der Oberkörper in senkrechter Haltung. Unterschenkel und Füße werden dagegen senkrecht zur Eisfläche aufgesetzt. So können Sie auch auf Schrägflächen immer den ganzen Fuß aufsetzen und haben optimalen Halt. Am gefährlichsten ist es, auf Eisflächen auszurutschen und hinzufallen. Bereits bei geringem Gefälle gerät man schnell ins Gleiten. Sich dabei blitzschnell auf den Bauch zu drehen und die Frontalzacken der Steigeisen ins Eis zu schlagen, kann dabei die letzte Rettung sein, wenn keine Seilsicherung vorgenommen wurde.

Vor Betreten einer Eisfläche müssen die Steigeisen angelegt werden *Foto: sw*

Eispickel und Eisschrauben zum Verankern von Seilen im massiven Eis kommen vor allem bei Aufstiegen über Eiswälle zum Einsatz, wenn die klassische Befestigung mit Bohrhaken nicht sinnvoll erscheint. In Eisschächten besteht oft die Gefahr des Eisbruchs. Dabei können sich durch die Erschütterung beim Abseilen ganze Eisformationen lösen und in die Tiefe fallen. Deshalb muss der erste im Schacht nach gefährlichem Eis Ausschau halten und dieses gegebenenfalls entfernen. Dabei sollte vor allem auch darauf geachtet werden, dass kein fallendes Eis auf das Seil trifft.

Heimtückisch ist auch die Gefahr, dass das Seil festfriert. Beim Einrichten der Seilstrecke sollte deswegen darauf geachtet werden, dass möglichst wenig Kontakt zwischen Seil und Eis entsteht. Andernfalls kann sich das Seil allein durch Reibung und entstehende Wärme beim Abseilen tief ins Eis fräsen und dort einfrieren. Der Erste, der wieder am Seil aufsteigt, steht dann vor dem großen Problem, dass er seine Steigklemme nicht mehr weiterschieben kann.

Eis ist aber nicht nur gefährlich, sonst würde wahrscheinlich niemand gerne Eishöhlen erforschen. In erster Linie sind Eishöhlen phantastisch schimmernde Unterwelten mit ganz besonderen Herausforderungen für die Höhlenforschung. Höhlenfotografen schätzen an ihnen nicht nur die bizarren und monumentalen Eisbildungen, sondern auch das eigenwillige blauschimmernde Licht, das bei Blitzlichtaufnahmen entsteht und den Bildern eine ganz besondere Atmosphäre verleiht. Das sich ständig verändernde Eis gibt von einem Jahr auf das andere neue Gänge frei, ebenso wie sich andere Gänge wieder verschließen. Jährlich ändert sich dadurch der Höhlencharakter, weshalb Forschungsprojekte in Eishöhlen besonders spannend sein können.

Verbruch, Versturz, Einbrüche und Erdfälle

Felsen und Gesteinsschutt bilden in Höhlen so genannte Verbruchzonen. Die Wahrscheinlichkeit, dass eine Karsthöhle gerade dann einbricht, wenn Sie sich darin befinden, ist extrem gering, so dass Sie sich darüber keine Sorgen machen brauchen. Beim Überqueren von Verbruch müssen Sie besonders vorsichtig sein, damit sich lockere Felsen nicht lösen. Ganze Schutthänge können rutschen und Höhlenteile verschütten. Ebenso leicht können Felsblöcke kippen oder herabfallen.

In vielen Höhlen ist es notwendig zwischen die Versturzblöcke zu kriechen, um weitere Höhlenteile zu erreichen. In engen Schlufen muss besonders darauf geachtet werden, den Verbruch nicht zu lockern. Bereits kleine herabfallende Felsen können den Rückweg abschneiden.

Beim Betreten von neu entdeckten Höhlen ist Verbruch ebenfalls außerordentlich gefährlich. Schließlich wurden neue Teile noch nie betreten und loser Verbruch konnte noch nicht gesichert werden.

Einbrüche an der Erdoberfläche werden auch Erdfälle genannt. Erdfälle sind im Grunde dasselbe wie Dolinen. Beides sind Einbruchtrichter an der Erdoberfläche. Sie entstehen, wenn unterirdische Gänge einbrechen. Gefährlich an jeder Art Einbruch ist, dass von außen nicht erkannt werden kann, wie es im Untergrund aussieht. So sind auch die Flanken des Einbruchtrichters abrutschgefährdet. Selbst einzubrechen oder von nachrutschendem Material verschüttet zu werden, ist eine nicht zu unterschätzende Gefahr.

Höhlenunfälle und Höhlenrettung

Jährlich nimmt die Zahl der Höhlenunfälle zu. Dies liegt vermutlich nicht daran, dass sich einzelne Höhlengänger zusehends leichtsinniger verhalten oder die Höhlen gefährlicher werden. Vielmehr dürfte es zum einen auf die steigende Anzahl von Höhlenbesuchen zurückzuführen sein, mit der gleichzeitig die Wahrscheinlichkeit für Unfälle steigt, zum anderen aber auch darauf, dass immer mehr Unerfahrene im Zuge von Abenteuer- und Erlebnistouren in Höhlen gezogen werden. Allein in der kurzen Zeitspanne, in der dieses Buch entstand, ereigneten sich in meiner unmittelbaren Nähe drei schwere Höhlenunfälle, die sich durch ihre individuellen Unterschiede sehr gut eignen, die Vielfalt an Gefahren zu beschreiben. In Kurzform werden diese Fälle in diesem Kapitel dargestellt.

Die häufigsten Unfallarten in Höhlen

Eine aussagekräftige Unfallstatistik existiert für Höhlen nicht. Die größeren Rettungsaktionen, die nicht nur von den Behörden, den Rettungsorganisationen, sondern auch von der Öffentlichkeit registriert werden, dürften nur die Spitze des Eisberges sein. Solange sich eine Gruppe in einer Notsituation selbst behelfen kann, wird sie vermeiden Alarm auszulösen. Somit ist die Anzahl der Zwischenfälle unter Tage, die nicht bekannt werden, möglicherweise sehr groß.

Zwei Höhlenarten und Befahrungstechniken sind vor allem mit folgenschweren Unfällen verbunden: Höhlentauchen und Befahrungen von Wasserhöhlen sowie Schachthöhlen und Einseiltechnik. Häufig sind Unerfahrenheit, Flüchtigkeitsfehler, Routinefehler oder Selbstüberschätzung der Grund.

Was tun, wenn etwas passiert ist?

Sollten Sie Zeuge eines Höhlenunfalls werden oder zufällig zu einem Notfall dazukommen, so gilt: Ruhe bewahren und weitere Gefährdung ausschließen! Wurde bspw. jemand von Steinschlag getroffen, ist der Verletzte rasch aus dem Gefahrenbereich zu bringen, da Sie nicht wissen, ob noch mehr Steine herabstürzen. Bei der Sicherung von Verletzten ist immer auch auf Selbstschutz zu achten.

Fall 1: Absturz in einer Schachthöhle

Zwei erfahrene Höhlengänger brechen zu einer Höhlentour in eine bekannte Schachthöhle auf. Den schrägen Zustieg zum Eingangsschacht hinab sichern sich die beiden an einem Speläoseil. Ein zweites Seil wird für den folgenden, etwa 25 m tiefen Schacht an der Umsteigstelle befestigt. Unten angekommen wartet der Erste auf seinen Begleiter, als dieser plötzlich abstürzt. Den schweren Aufprall auf einen Schuttkegel überlebt er nicht.

Bis heute ist nicht geklärt, ob es sich um einen Sicherungsfehler (Sicherung vergessen oder falsch eingehängt?) gehandelt hat oder ob der Verunglückte vielleicht das abwärts führende Seil mit dem nur wenige Meter langen Seilende des ersten Sicherungsseiles (dann ohne Endknoten) verwechselt hat. Besonders betroffen machte bei diesem Unfall nicht die Tatsache, dass die Ursache nicht völlig geklärt werden konnte. Es führt viel mehr allen Höhlengängern vor Augen, dass Erfahrung und gute Ausrüstung nicht vor Unglücken schützen. Der kleinste (Flüchtigkeits-) Fehler kann, wie offenbar hier geschehen, in einer Katastrophe enden.

Hilfe holen?

Wenn der Verunglückte aus dem Gefahrenbereich gebracht ist, muss sofort Erste Hilfe geleistet werden. Zeichnet sich dabei ab, dass zusätzlich Rettungskräfte benötigt werden, sollte möglichst zügig die Höhlenrettung alarmiert werden. Um der Rettungsleitstelle genaue Informationen geben zu können, sollten Sie zunächst folgende Fragen klären: Welche Verletzungen liegen vermutlich vor? Wie sind der körperliche und der psychische Zustand des Verletzten?

Bei der Entscheidung, ob Sie die Höhlenrettung alarmieren sollen oder nicht, müssen Sie die Gesamtsituation realistisch beurteilen. Wie eingeschränkt ist der Betroffene durch seine Verletzungen? Welche Anforderungen stellt der Weg nach draußen? Dabei ist es wichtig, weder Ihre eigenen Fähigkeiten zu überschätzen noch das Ausmaß von Verletzungen zu unterschätzen. Im Zweifelsfall sollten Sie sich daher lieber für die Höhlenrettung entscheiden.

Wenn klar ist, dass Rettungskräfte benötigt werden, dürfen Sie keine Zeit mehr verlieren diese auch zu alarmieren. Wer sich dazu auf den Weg ans Tageslicht macht, muss trotz Zeitdruck und Aufregung vorsichtig sein. Idealerweise verlassen zwei Personen zusammen die Höhle, um den Notruf abzusetzen.

In keinem Fall darf das Opfer jedoch alleine zurückgelassen werden. Mindestens eine Person muss ständig anwesend sein, um psychischen Beistand leisten und im Falle einer Verschlechterung des Zustandes (Bewusstlosigkeit, Erbrechen etc.) helfen zu können.

Wie wird die Höhlenrettung alarmiert?

Mit Hilfe von Mobiltelefonen, die zwar nicht in Höhlen, aber meist vor dem Eingang funktionieren, kann die Alarmierung von Rettungskräften beschleunigt werden. Einen bundesweiten Rettungsplan mit den Notrufnummern der zuständigen Höhlenrettung finden Sie im Anhang. Zu Beginn des Notrufes müssen Sie unbedingt mit dem Stichwort "Höhlenunfall" auf die Besonderheit des Einsatzes hinweisen. Wie bei jedem Notruf müssen Sie folgende Fragen beantworten:

- Was ist passiert?
- Wo ist es passiert? In welcher Höhle, welchem Höhlenteil?
- Wann ist es passiert?
- Wie viele Verletzte?
- Welche Verletzungen?
- Weitere Gefahren?
- Wer meldet?

Danach sollten Sie auf Rückfragen warten und Ihre Mobilrufnummer angeben. Teilen Sie mit, wenn Sie nochmals in die Höhle gehen und dadurch nicht mehr telefonisch erreichbar sind. In jedem Fall müssen Sie sicherstellen, dass die ersten Rettungskräfte eingewiesen werden, damit diese nicht lange suchen müssen. Sollten Sie diese Lotsenfunktion nicht selbst übernehmen können, so dürfen Sie auch dritte, wie Radfahrer oder Spaziergänger, dazu verpflichten.

Sobald die Höhlenrettung eingetroffen ist, wird der Einsatzleiter entscheiden, wie vorgegangen wird. Möglicherweise werden Sie gebeten, den Erstversorgungstrupp direkt zum Verletzten zu führen. Für den Alarmierenden, wie aber auch für alle anderen nicht verletzten Teilnehmer, gilt den Anweisungen der Höhlenretter Folge zu leisten.

Wer bleibt beim Verletzten, wer alarmiert?

Ein Notfall erfordert immer rasches und besonnenes Verhalten. In Bezug auf die Aufgabenverteilung heißt dies: Die Alarmierung übernehmen diejenigen, die sich in der Höhle auskennen und ausreichend fit und erfahren sind, damit sie die Höhle sicher verlassen können. Beim Verunglückten bleiben Personen mit Kenntnissen in Erster Hilfe.

Was passiert, bis die Höhlenrettung kommt?

Der Umgang mit dem Verletzten bis zum Eintreffen der Rettungskräfte ist in hohem Maße ausschlaggebend für den Ausgang einer Rettungsaktion. Vorraussetzung dafür sind solide Kenntnisse und praktische Fähigkeiten in Erster Hilfe. Da Sie per Gesetz zur Hilfe verpflichtet sind, müssen Sie im Notfall etwas tun. Es kommt dabei vor allem darauf an, dass Sie sich um den Verunglückten kümmern und ihn vor weiterem Schaden bewahren. Das dafür notwendige Wissen sollten Sie sich in Erste Hilfe Kursen aneignen. Ausdrücklich weise ich darauf hin, dass dieses Buch keine solche Ausbildung in Erster Hilfe ersetzen kann. Es soll vielmehr auf Besonderheiten der Verletztenbetreuung in Höhlen aufmerksam machen.

Schachtbefahrungen zählen zu den gefährlichsten Höhlentouren. Foto: wl

Bis die ersten Rettungskräfte am Unfallort eintreffen, können durchaus einige Stunden vergehen. Wenn möglich, sollten Sie eine geeignete Stelle auswählen, an der Sie mit dem Verunglückten die Wartezeit verbringen können. Neben der akuten Verletzung oder Erkrankung wird während dieser Zeit vor allem die Kälte zum Problem. Die Temperatur in Deutschlands Mittelgebirgshöhlen beträgt etwa 8 bis 9 °C. Als Helfer können Sie sich noch bewegen, um den Kälteverlust auszugleichen. Für den Verunfallten ist dies oft wegen der Schmerzen nicht möglich. Deshalb sollte der Lagerplatz möglichst trocken und windgeschützt sein. Wenn möglich eine Stelle, die zudem genügend Platz für Rettungsmaßnahmen bietet.

Nie darf der Patient, auch nur für kurze Zeit alleine gelassen werden. Neben der Tatsache, dass bei plötzlicher Bewusstlosigkeit die Schutzreflexe ausfallen, verlangt dies auch die Psyche des Verunglückten, da es niemand verträgt, in einer Notsituation alleine gelassen zu werden. Schon gar nicht in Höhlen, die dann leicht als unfreundlich, beklemmend oder unheimlich empfunden werden können. Als psychische Stütze können Sie hier maßgeblich zur Stabilisierung der Situation beitragen.

Schleichende Gefahr Kälte

Der menschliche Körper gibt ständig Wärme an seine Umgebung ab. Über Verdunstung (Atmung und Schwitzen), über Strahlung (ähnlich einem Heizkörper), über Konduktion (Leitung auf kaltem Stein, Metall, Wasser) und Konvektion (Kühlung durch Wind). Durch entsprechende Kleidung können wir auch in Höhlen den Wärmeverlust im Gleichgewicht mit der inneren Wärmeproduktion halten, so dass wir nicht frieren. Unser Körper produziert Wärme hauptsächlich durch Muskelarbeit. Kann diese nicht mehr geleistet werden (Bsp. Unfall), oder halten wir uns längere Zeit in besonders kalter Umgebung auf (Eishöhle, Wasserhöhle!), kann die innere Wärmeproduktion auf Dauer den Wärmeverlust nicht ausgleichen. Der Körper reagiert mit dem so genannten Kältezittern, das unbedingt als Warnsymptom einer drohenden Unterkühlung erkannt werden muss. Von Unterkühlung spricht man bei einem Absinken der Körperkerntemperatur unter 37°C. Da der größte Wärmeverlust über die Körperoberfläche geschieht, versucht der Körper entgegenzusteuern, indem er die Blutzufuhr zur Körperschale (Haut etc.) drosselt. In der Medizin wird dieser Prozess Zentralisation genannt. Jeder Laie kann diesen Zustand leicht daran erkennen, dass durch die Minderdurchblutung die Haut blass, die Lippen blau und die Fingernä-

Wasser kann Spaß machen, im Ernstfall droht jedoch Unterkühlung *Foto: thms*

Der Patient wird unter dem Wärmezelt medizinisch versorgt
Foto: wl

gel weiß werden. Wann immer diese Symptome, vielleicht noch zusammen mit Kältezittern auftreten, ist der weitere Aufenthalt in der Kälte sofort abzubrechen (beispielsweise Wasser rasch verlassen und aufwärmen)!

Sinkt die Körperkerntemperatur weiter, gerät der Mensch in einen Erregungszustand mit Schmerzen und heftigem Muskelzittern. Bei Annäherung an 30°C nimmt die Erregung wieder ab, das Bewusstsein trübt sich, die Muskeln werden starr und der Patient wirkt teilnahmslos. Diese Phase der Erregungsabnahme verschleiert die Schwere des Notfalls! Sie ist ein absolutes Alarmzeichen und Grund genug, spätestens jetzt die Höhlenrettung zu alarmieren. Bei weiterem Temperaturverlust kommt es zu ersten Herzrhythmusstörungen, der Mensch fällt ins Koma. Schließlich verschlimmern sich die Herzrhythmusstörungen und der Tod tritt letztlich durch Herzstillstand ein (Kältetod).

Um den Wärmeverlust zu minimieren, muss der Verletzte in eine Rettungsdecke (Goldfläche nach außen) eingewickelt und auf isolierendem Untergrund gelagert werden. Wenn keine Isoliermatten zur Hand sind, kann auch Material, wie Schleifsäcke und Seile, untergelegt werden. Durch körperliche Nähe, warme Getränke und kalorienreiche Nahrung (Schokolade), kann dem Verletzten Wärme zugeführt werden. Wärmepacks, die sich durch Knicken selbst erwärmen, sind hierfür ebenfalls gut geeignet. Alkohol darf nicht gegeben werden. Dieser führt über Weitstellung der Blutgefäße und dadurch vermehrter Hautdurchblutung zu erhöhtem Wärmeverlust. Wenn vorhanden, kann aus weiteren Rettungsdecken und einer Schnur ein Wärmezelt gebaut werden, in dem nach Möglichkeit auch die Helfer Platz finden sollten. Darunter staut sich die abgegebene Körperwärme und die Auskühlung wird hinausgezögert.

Komplikationen bei der Rettung Unterkühlter können entstehen, wenn durch Bewegung des Opfers kaltes Blut aus Armen und Beinen zum Herzen strömt und einen reflexbedingten Herzstillstand auslöst. Außerdem kann es durch zu heftiges und schnelles Wiedererwärmen zu bedrohlichen Kreislaufzusammenbrüchen kommen. Beides wird als Ursache des Bergungstodes gesehen.

Wundversorgung

Blutungen müssen immer rasch gestillt werden, um den Blutverlust gering zu halten. Bei arteriellen Blutungen an Armen oder Beinen muss dazu unter Umständen die zuführende Arterie mittels Druckverband oder von Hand abgedrückt werden. Wie das funktioniert, lernen Sie in einem Erste Hilfe Kurs.

Bei der Reinigung der Wunde sollten Sie sich darauf beschränken nur größere Teile wie zum Beispiel Steinchen zu entfernen.

Knochenbrüche & Gelenkverletzungen

Schwierigkeiten bestehen vor allem durch massive Schmerzen und die daraus meist resultierende Immobilität. Nicht zu vernachlässigen ist auch der innere Blutverlust in den Knochen. In einen gebrochenen Unterarm können bis zu 0,4 l, in einen Oberschenkel bis zu 2 l (Beckenbruch 5 l!) verloren gehen! Dieses Volumen steht dem Kreislauf dadurch nicht mehr zur Verfügung. Es kann zu einem Schock kommen, weshalb größere Knochenbrüche zu lebensgefährlichen Verletzungen zählen und nicht unterschätzt werden dürfen. Durch richtige Lagerung, durch Verbände und Schienung können sowohl Schmerzen als auch Blutverlust günstig beeinflusst werden.

Fall 2: Vater und Sohn vermisst

Ein Vater befährt mit seinem Sohn, mangelhaft ausgerüstet, eine verzweigte Horizontalhöhle. Nach einem Sturz im Verbruch aus etwa eineinhalb Metern Höhe kann der Vater nicht mehr laufen, hat eine massiv blutende Kopfplatzwunde und außerdem seine starke Brille verloren. Der Sohn bleibt richtigerweise bei seinem Vater ohne Versuche zu unternehmen, auf eigene Faust aus dem verzweigten Gangsystem zu finden. Als die beiden nicht zur vereinbarten Zeit zu Hause sind, schlägt die Ehefrau um 16:00 Alarm. Neben den örtlichen Feuerwehren werden auch die zuständigen Bergwachten und die Höhlenrettung alarmiert. Nachdem ein Hubschrauber am Parkplatz in der Nähe der Höhle das Auto ausfindig gemacht hat, geht die Polizei davon aus, dass sich die Vermissten noch in der Höhle befinden. Ein Voraustrupp der Höhlenrettung kann die beiden bereits Unterkühlten im Inneren finden und notfallmäßig versorgen. Während es der Junge aus eigener Kraft in Begleitung der Höhlenretter zum Ausgang schafft, muss der Vater mit Verdacht auf Sprunggelenkbruch getragen werden. Außerhalb der Höhle schlagen derweil Feuerwehrleute eine Schneise in den Wald, damit Rettungsfahrzeuge bis an den Höhleneingang herankönnen. Mühsam wird der Verletzte durch die Höhlenrettung zum Eingang gebracht und vom Rettungsdienst übernommen. Erst gegen Mitternacht ist die Rettung abgeschlossen.

Der Unfall macht deutlich, wie viele Stunden auch bei kleinen Verletzungen vom Unfallzeitpunkt über die Alarmierung vergehen können, bis der Verletzte am Höhleneingang angekommen ist. Es zeigt weiterhin, wie wichtig die richtige Ausrüstung ist (mit Helm wäre vielleicht die Kopfplatzwunde und der Brillenverlust vermeidbar gewesen) und wie sinnvoll es ist zu hinterlassen, in welcher Höhle man sich befindet. Wäre ferner eine dritte ortskundige Person dabei gewesen, hätte die Rettung viel früher beginnen können.

Bewusstlosigkeit

Reagiert ein Unfallopfer weder auf Ansprechen noch auf Anfassen, kann dies viele Ursachen haben. Im Einzelfall ist die genaue Ursache für den medizinischen Laien oft nicht auszumachen. Wichtig ist trotzdem zu reagieren. Bei bewusstlosen Personen sollten zunächst immer Atmung und Puls kontrolliert werden. Fehlen beide, so ist, nachdem Sie freie Atemwege festgestellt haben, unverzüglich mit Herz-Lungen-Wiederbelebungsmaßnahmen zu beginnen. Schaffen Sie sich dazu genügend Platz, indem Sie den Bewusstlosen vorsichtig an einen geeigneten Ort transportieren.

Können Sie sowohl eine ausreichende Atmung als auch einen Puls tasten, besteht trotzdem Gefahr, dass der Patient durch den Ausfall seiner Schutzreflexe an Erbrochenem erstickt. Ein Bewusstloser darf deshalb nie alleine gelassen werden und sollte vorbeugend in stabiler Seitenlage gelagert werden.

Bestehen Anzeichen für einen Schock, wie Blässe und schneller aber schwacher Puls, so kann es bereits helfen, die Beine leicht (um ca. 30 Grad) anzuheben.

Die Kontrolle von Atmung und Puls ist regelmäßig zu wiederholen!

Ermüdung und Erschöpfung

Die körperliche und psychische Ermüdung stellt einen Schutzmechanismus dar. Der Körper möchte den völligen Verbrauch seiner Energiereserven, die Erschöpfung, verhindern. Die Ermüdung ist demnach ein Warnsignal, bei dessen Auftreten sofort reagiert werden muss. Die ersten Zeichen sind Leistungsabfall, Müdigkeit, Konzentrationsschwäche und Schwächegefühl. Auch Kreislaufstörungen, unsicheres Bewegen sowie schmerzende Muskulatur können dazugehören. Treten diese Symptome auf, muss die Tour sofort abgebrochen werden und eine Zwangspause eingelegt werden.

Wenn möglich, sollte dem Körper Energie in Form von gesüßtem Tee und Riegeln oder ähnlichem zugeführt werden. Bei dieser Ruhepause muss ein Wärmeverlust unbedingt vermieden werden. Langsam und vorsichtig ist schließlich der Rückweg anzutreten.

Werden die eigenen Leistungsgrenzen weiter ignoriert und der Körper zum Durchhalten gezwungen, so sind die Energiereserven bald aufgebraucht und es tritt der Erschöpfungszustand ein. Dieser Zustand ist lebensbedrohlich und ohne professionelle Hilfe nicht behebbar! Auf Grund der labilen körperlichen Verfassung ist die nicht risikofrei Rettung eines Erschöpften auf jeden Fall immer Aufgabe der Höhlenrettung.

Steckenbleiben

Enge Spalten und Schlufe sind zwar für die meisten ein psychisches Hemmnis, können jedoch bei entsprechender Figur auch zur körperlichen Falle werden. Nicht nur für Unerfahrene ist das Gefühl, plötzlich hängen zu bleiben und weder vor noch zurück zu können, belastend. Das Wichtigste ist, zunächst gar nichts zu tun. Keine raschen Befreiungsmanöver, keine hektischen Bewegungen. Selbstberuhigung ist angezeigt. Wer sich aufregt und versucht mit Gewalt frei zu kommen bewirkt, dass durch übermäßige Atmung und Muskelarbeit Brustkorb und Muskulatur anschwellen. So verkeilt sich der Körper erst recht. Mit Gelassenheit kommen Sie dagegen weiter. Versuchen Sie zu erkunden, wo genau Sie hängen und beginnen Sie sich langsam und vorsichtig zu bewegen. Vielleicht kann Ihnen jemand direkt helfen, indem er Ihnen Mut macht und Tritte weist. Nie darf jedoch auf Gedeih und Verderb an Armen oder Beinen gezogen werden.

Unersetzlich ist es, seine individuellen Grenzen zu kennen. Diese Grenzen liegen zum einen in den körperlichen Gegebenheiten und zum anderen dort, wo es subjektiv als zu eng empfunden wird. Es ist deshalb immer zu tolerieren, wenn jemand ablehnt, sich irgendwo hindurchzuquetschen.

Fall 3: Der Mann zu groß oder der Schluf zu eng?
Um eine Erlebnispädagogik-Tour vorzubereiten, bricht eine Gruppe teils völlig unerfahrener Personen in eine bekannte Horizontalhöhle in der Fränkischen Schweiz auf. Kurz vor Ende der ausgedehnten Rundtour bleibt einer der Teilnehmer in einem Schluf hängen. Nachdem sich der 130 Kilo schwere, schon stark erschöpfte Mann, aus eigener Kraft nicht befreien kann, beginnen die restlichen Teilnehmer ihn zu ziehen und zu schieben. Vergeblich, denn dadurch verkeilt sich der Körper erst recht. Der Mann bekommt Panik und hyperventiliert, was die Situation noch verschärft. Seine Begleiter erkennen, dass sie ohne fremde Hilfe nicht weiterkommen. Gegen 14:45 wird die Höhlenrettung Bamberg alarmiert, die bereits eine halbe Stunde später zusammen mit Helfern der Bergwacht und dem Rettungsdienst an der Höhle eintrifft. Nachdem die Ersthelfer vor Ort einen panischen Patienten mit Zeichen beginnender Unterkühlung vorfinden, wird ein Notarzt hinzugezogen. Dieser beruhigt den Eingeklemmten medikamentös, woraufhin die Höhlenretter mit der künstlichen Erweiterung des Schlufes beginnen können. Obwohl ständig weitere Höhlenretter aus der zweiten

Einsatzschleife dazukommen, entschließt sich der Einsatzleiter zusätzlich das Technische Hilfswerk anrücken zu lassen. Mit Wärmebeuteln, vorgewärmten Infusionen und Beruhigungsmitteln stabilisiert der Notarzt den Patienten. Derweil wird mit Hilfe von Bolzenschusspatronen Fels abgesprengt, um die Schlüsselstelle zu erweitern. Vor der Höhle kümmert sich der Notfallseelsorger der Höhlenrettung um den Rest der Gruppe, während sich eine örtliche Rot-Kreuz-Bereitschaft um die Verpflegung der Rettungskräfte kümmert. Nach einiger Zeit harter Erweiterungsarbeit und einem weiteren Schuss Beruhigungsmittel, wird der Patient aus dem Schluf gezogen, gelagert und notfallmedizinisch untersucht. Diagnose: Schock, Unterkühlung und Verdacht auf Rippen- und Brustbeinbruch. In engen Spalten wird der Patient in einem Bergesack transportiert, ehe er in eine Hartschalentrage umgelagert werden kann. Allein für eine 20 m lange Spalte zum Eingang wird eine dreiviertel Stunde benötigt. 6 Stunden nach dem Notruf ist der Verletzte am Ausgang, wird vom Rettungsdienst übernommen und ins nächste Krankenhaus mit Intensivstation gebracht. Die über 60 Rettungskräfte können sich um 21:00 an die Aufräumarbeiten machen.

Dieser Unfall liefert ein eindrucksvolles Beispiel dafür, wie sich in Höhlen aus unspektakulären Kleinigkeiten ein Notfall entwickeln kann, der eine gigantische Rettungsaktion zur Folge hat. Als der Mann in dem Schluf plötzlich nicht mehr weiter kam, hat sich mit Sicherheit keiner der Beteiligten vorstellen können, was dies bedeuten könnte. Er ist des Weiteren ein Beispiel dafür, was passieren kann, wenn man seine eigenen oder die Fähigkeiten der anderen überschätzt.

Höhlenrettung in Deutschland

Die Höhlenrettung ist in Deutschland über viele Jahrzehnte gewachsen und wird heute noch ehrenamtlich organisiert. In den sechziger Jahren begannen einige Höhlenvereine, in Anbetracht der schwierigen Rettungsbedingungen in Höhlen eigene Rettungstrupps zu organisieren. Noch war dies absolut neuartig, denn Vergleichbares gab es bis dahin in Deutschland nicht. Spezielles Material und auch die Rettungstechniken mussten teilweise erst entwickelt werden. Schließlich schlossen sich einzelne Höhlenrettungen zu Regional- und Landesverbänden zusammen. Geleitet wurden sie jedoch immer noch von Höhlenvereinen. Heute sind die Höhlenretter weitestgehend den Bergwachtbereitschaften oder anderen Rettungsdiensten angegliedert. Hohe Ausbildungsstandards auf höhlentechnischem und medizinischem Gebiet gewährleisten eine adäquate Erstversorgung und Rettung Verunglückter.

Warum ist eine Höhlenrettung notwendig?

Unkomplizierte Verletzungen können derart einschränken, dass Sie nicht mehr aus eigener Kraft die Höhle verlassen können und professionelle Rettungskräfte benötigen. Außerdem kommen normale Rettungsdienste in den wenigsten Fällen überhaupt bis an den Höhleneingang heran, schon gar nicht in die Höhle hinein. Auf Grund fehlender Ausbildung können Rettungsdienst und Notarzt zudem das Betreten einer Höhle verweigern. Auch der Transport von verletzten Personen in der Höhle erfordert besonders ausgebildete Retter. Abgesehen von der Bergwacht gab es vor Einrichtung der Höhlenrettung keinen Rettungsdienst, der auch nur annähernd den Anforderungen eines Höhlenunfalls gewachsen war. Und selbst die Bergwacht hatte unter Tage Schwierigkeiten, waren doch weder Material noch Retter an die speziellen Einsatzbedingungen gewohnt und angepasst.

Ein Canyon wird mittels Seilbahn überwunden *Foto: wl*

Wie läuft eine Alarmierung ab?

Derzeit wird die Höhlenrettung ausschließlich ehrenamtlich besetzt. Höhlenretter in Bereitschaft tragen ein mobiles Notrufsystem (Piepser) mit sich herum, um schnell und einheitlich alarmiert werden zu können. Mit dem Anruf bei der örtlichen Rettungsorganisation und dem Stichwort "Höhlenunfall" setzt der Unfallmelder eine Kettenreaktion in Gang. Höhlenretter der ersten Einsatzschleife werden alarmiert und rücken zusammen mit der Bergwacht und dem Rettungsdienst aus. Der Einsatzleiter der Höhlenrettung koordiniert den weiteren Ablauf je nach erwartetem Ausmaß der Rettung. So werden oft weitere Höhlenretter in Bereitschaft gesetzt, örtliche Feuerwehren und die zuständige Bergwacht hinzugezogen, um zumindest außerhalb der Höhle die Höhlenretter zu unterstützen. Bei besonders schwierigen Rettungsverhältnissen können zusätzlich Polizei und Technisches Hilfswerk angefordert werden.

Höhlenretter sind auch ausgebildete Sanitäter, um unter Tage die Erstversorgung vornehmen zu können. Auf den Einsatzplänen der Höhlenrettung stehen zusätzlich höhlentaugliche Notärzte, die auch per Helikopter von zu Hause abgeholt werden können, wenn es die räumliche Distanz zum Unfallort erfordert. Wem dies alles etwas übertrieben vorkommt, dem sei gesagt, dass selbst zu dem vielleicht unspektakulär anmutenden Fall 3, mit dem steckengebliebenen Mann, alle Rettungsorganisationen in der dargestellten Reihenfolge zur Mithilfe angefordert und auch benötigt wurden. Lediglich der Notarzt kam nicht per Hubschrauber, sondern per Einsatzfahrzeug.

Checkliste: Erste Hilfe-Set in Höhlen

- Pflaster
- sterile Wundauflagen
- Schutzhandschuhe
- Antiseptische Lösung oder Creme
- 3 Mullbinden
- Dreieckstuch
- Rettungsdecke/-Folie
- elastische Binde
- Verbandsschere

Anmerkung: Diese Aufzählung erhebt keinen Anspruch auf Vollständigkeit. Sie sollte gegebenenfalls individuell ergänzt sowie den Ansprüchen der geplanten Tour angepasst werden. Ihr Hausarzt hilft Ihnen bei Fragen zu Ihrem Notfallset sicher weiter.

Fotografieren in Höhlen

Dem Höhlenfotografen stellen sich vor allem zwei Schwierigkeiten: Erstens gibt es tief im Erdinneren kein Licht und zweitens fehlt auch noch der Strom um einen Höhlenraum mit künstlichen Lichtquellen beleuchten zu können. Den einzigen Kompromiss stellen somit starke Akkuleuchten und Blitzgeräte dar. Dieser Umstand bietet dem Höhlenfotografen die Möglichkeit, die Belichtung eines Bildes bis ins kleinste Detail zu beeinflussen.

Grundsätzlich muss, wenn vom Fotografieren in Höhlen die Rede ist, zwischen der einfachen Schnappschussfotografie und der echten Höhlenfotografie unterschieden werden. Erstere ermöglicht eine schnelle Dokumentation vor Ort. Der Fotoblitz als einzige Lichtquelle sitzt auf dem Fotoapparat und wird von diesem zeitlich gesteuert. Nachteil bei diesem Verfahren ist vor allem dessen Anwendungsbeschränkung auf kleine Räume, da für große Höhlenräume die Lichtausbeute zu gering ist. Des Weiteren fehlen auf solchen schnellen Aufnahmen oft Kontrast und der räumliche Eindruck, da durch den direkten Blitz nur wenig Schatten entsteht. Auf Grund der niedrigen Lufttemperatur in Höhlen, muss der Fotograf seinen Atem anhalten, sonst sind Nebelschleier auf dem Bild.

Wer sich ernsthaft mit Höhlenfotografie beschäftigen möchte, muss etwas mehr Aufwand in Kauf nehmen. Die Kamera wird auf ein Stativ gestellt und mehrere externe Blitze verwendet. Für große Höhlen brauchen Sie deshalb auch immer einige freiwillige Helfer, liebevoll "Blitzknechte" genannt. Eine solche Aufnahme läuft folgendermaßen ab: Nachdem sich der Höhlenfotograf für ein Motiv entschieden hat, postiert er seine Helfer an optisch wirkungsvollen Punkten, z. B. vor Eisfiguren oder auf Felsblöcken. Durch deren Helmlampen bekommt der Fotograf einen ersten Eindruck des Motivs und kann die Kamera auf dem Stativ richtig positionieren. Während der Aufnahme bleibt der Verschluss der Kamera offen, so dass die ganze Zeit Licht auf den Film fallen kann. Um das Bild nicht zu verwackeln, wird der Fotoapparat am besten per Fernbedienung oder Drahtauslöser ausgelöst. Auf das Kommando des Fotografen hin, lösen die Blitzknechte ihre Blitze aus. Wenn einmaliges Blitzen nicht ausreicht, kann gewartet werden, bis die Apparate wieder blitzbereit sind und ein zweites oder drittes Mal ausgelöst werden. Die auf dem Bild sichtbaren Personen dürfen sich in diesem Fall nicht bewegen, sonst sind sie doppelt sichtbar. Sie dürfen sich auch nicht bewegen, wenn während der Aufnahme ihre Helmlampen leuchten. Gerade das warme Karbidlicht

Bizarre Eissäulen in einer Gebirgshöhle, Gegenblitz hinter den Eisfiguren *Foto: gs*

erzeugt oft ein bezauberndes Flair auf der Aufnahme, so dass viele Fotografen nicht darauf verzichten wollen. Bei längeren Belichtungszeiten empfiehlt es sich jedoch das Licht zu löschen, um Unschärfen zu vermeiden. Blitze dürfen nicht zu dicht vor Objekten positioniert werden, denn gerade helle Felswände oder Eisfiguren werden sonst überstrahlt und erscheinen als weiße Flecken auf den Fotos.

Praxistipp: Fotografieren mit wenigen Helfern
Wenn Sie nach jedem Blitz in Dunkelheit das Objektiv mit dessen Deckel oder einem dichten schwarzen Tuch abdecken, kann kein Licht auf den Film fallen. Ihr vielleicht einziger Blitzknecht kann dann sein Licht anschalten und zum nächsten Standort laufen. Licht aus, Objektiv auf - und erneut kann mit einem weiteren Blitz belichtet werden. Nur wer genau hinsieht wird bemerken, dass eigentlich immer dieselbe Person an verschiedenen Stellen zu sehen ist. Eine praktische Alternative sind Servoblitze. Sie besitzen eine Fotozelle und lösen ihren Blitz in dem Moment aus, in dem sie einen anderen Blitz registrieren. Servoblitze müssen demnach so aufgestellt werden, dass der Blitz ihres Fotoapparates auch deren Fotozelle erreichen kann. Normale Blitze können mit Blitzauslösern, das sind ebenfalls Fotozellen, zum Servoblitz aufgerüstet werden.

Die meisten Höhlenfotografen arbeiten mit Spiegelreflexkameras und Weitwinkelobjektiven, um auch enge Höhlenräume darstellen zu können. Zumeist kommen dabei ältere Modelle zum Einsatz. Nicht nur, weil neue teuere Apparate zu leicht kaputt gehen, sondern weil diese zu viel Technik besitzen, die unter Tage keinen Nutzen bringt. Bei allen analogen Verfahren kann leider erst nach der Filmentwicklung zu Hause festgestellt werden, ob die Aufnahmen erfolgreich waren. Deshalb werden viele Einstellungen mehrfach fotografiert, um die Wahrscheinlichkeit, dass gute Bilder entstehen zu erhöhen. Die Digitaltechnik bietet hier entscheidende Vorteile, da das Bild bereits auf dem Display oder sogar auf einem Laptop direkt beurteilt werden kann. Derzeit gibt es jedoch erst wenig Erfahrung auf dem Gebiet der digitalen Höhlenfotografie.

Motivgestaltung

Neben der Intention einen Raum oder eine besonders schöne Tropfsteinformation abzubilden und zu dokumentieren hat die Höhlenfotografie noch weitere wichtige Herausforderungen. So ist es oftmals viel wichtiger, subjektive Eindrücke und die Atmosphäre unter Tage einzufangen. Hier kommt die künstlerische Gestaltungsmöglichkeit ins Spiel. Viel Übung und Erfahrung ist notwendig, um optimale Bilder zu bekommen. Der Fotograf sollte mit dem Licht spielen und ruhig eine Einstellung zehn Mal fotografieren. Nasse Höhlenwände und Gewässer in Höhlen können eindrucksvolle Lichtreflexe produzieren und auch Gegenblitze erzeugen reizvolle Atmosphären. Dabei wird einer der Blitze auf den Fotoapparat selbst gerichtet. Für bessere Wirkung sollte er jedoch mindestens teilweise verdeckt sein. Beispielsweise können Sie eine Person von hinten anblitzen lassen.

Zum besseren Größenvergleich sollten Personen auf dem Bild zu sehen sein. Andernfalls fällt es dem Betrachter oft schwer, die abgebildeten Dimensionen einzuschätzen. Außerdem können Licht und bunte Schlaze einen zusätzlichen optischen Reiz geben. Höhlenfotografie ist nicht nur ein notwendiges Mittel zur Dokumentation von Höhlen, sondern kann auch durchaus ästhetischen Ansprüchen genügen. Ihren Reiz und ihre Einzigartigkeit gewinnen diese Bilder nicht zuletzt aus der fremdartig anmutenden Welt, in der sie entstanden sind. Vergleichbar sind sie vielleicht am ehesten mit Aufnahmen aus dem Weltall oder anderen extremen Landschaften auf dieser Erde, wie zum Beispiel Wüsten.

Praxistipp: Wie schütze ich meine Fotoausrüstung?
Die Hauptgefahren gehen unter Tage vor allem von Schmutz und Wasser sowie mechanischen Schäden beim Transport aus. Geeignet sind daher verschließbare, wasserdichte Tonnen. Um den Fotoapparat zusätzlich gegen Erschütterung zu schützen, können Sie diese Tonnen mit Schaumstoff auskleiden. Nehmen Sie sich auch ein altes Handtuch mit, an dem Sie ihre Hände vorher säubern können, bevor Sie die Kamera anfassen.

Checkliste Fotoausrüstung
- ♦ Fotoapparat und Wechselobjektive
- ♦ Blitze und ggf. Servoblitze
- ♦ Foto- und Blitzbatterien
- ♦ Stativ
- ♦ Drahtauslöser
- ♦ genügend Filme (hohe Leitzahl benötigt weniger Blitzlicht)
- ♦ Brillenputztuch für Linsen und Objektive
- ♦ Tuch, um die Finger zu säubern

Höhlenpläne, Vermessung & Höhlenkataster

Die Dokumentation von Höhlen ist eine grundlegende Aufgabe der Höhlenforschung. Sie muss vor der weiteren wissenschaftlichen Erforschung einer Höhle erfolgen. Noch vor Vermessung und Erstellung eines Höhlenplans, werden die Grunddaten einer Höhle erfasst. Diese sind mit den Daten in Ihrem Personalausweis vergleichbar. Allein mit ihnen kann eine Höhle zweifelsfrei gekennzeichnet und jederzeit wiedergefunden werden. Im Einzelnen wird Folgendes erfasst: Die geografische Lage, ("am Westhang des Wackensteins"), die Lagebeziehung ("150 m östlich der Kirche von... ") und die Höhenangabe ("575 m NN"). Noch genauer kann die Lage des Höhleneingangs anhand einer Koordinate angegeben werden. Meist werden hierzu Koordinaten des Gauss-Krüger-Gitternetzes verwendet. Diese können, ebenso wie die Höhenangabe, annähernd aus einer topografischen Karte, wie sie in größeren Buchhandlungen verkauft werden, ermittelt werden. Etwas einfacher geht es auch mit GPS-Handgeräten (Global Positioning System), die unter Umständen jedoch noch sehr ungenau sind. Im Weiteren wird die Eingangsgestalt (z.B. "Portal, Schacht"), deren Dimension (z.B. "3,40 m Breite x 4,90 m Höhe") und die Richtung, in die man aus der Höhle herausschaut, vermerkt. Mit diesen Minimaldaten werden Höhlen in so genannten Katastern, siehe unten, erfasst. Dabei erhält jede Höhle eine Katasternummer, unter der nachfolgend alle Daten über diese Höhle eingeordnet werden.

Wie entsteht ein Höhlenplan?

Die Höhlenvermessung gehört zur Höhlenforschung und stellt für die einen ein notwendiges Übel, für die anderen ein geliebtes Hobby dar. Wer die Techniken der Vermessung unter Tage erlernen möchte, sollte sich erfahrenen Höhlenforschern anschließen.

Unterschieden werden Vermessungsarten nach Genauigkeiten und Technik. Im Hochgebirge wird überwiegend mit Peilgeräten vermessen. Dabei wird am Höhleneingang ein Punkt definiert und von diesem aus ein zweiter Messpunkt in der Höhle anvisiert. An den Vermessungsgeräten lässt sich die magnetische Richtung (Abweichung der Kompassnadel von Norden) und die Neigung zwischen beiden

Vermessung mit Peilkompassen *Foto: sw*

Punkten ablesen. Mit einem Maßband oder Lasermessgerät wird die Entfernung zwischen den Punkten ermittelt. Damit sind die Messpunkte geometrisch eindeutig definiert. Vom zweiten Messpunkt wird so zum dritten und von diesem weiter zum vierten gemessen und so weiter. Mit einer speziellen Vermessungssoftware lassen sich die Messzüge schließlich auf dem PC darstellen. Über zusätzliche Messungen werden die Raumdimensionen erfasst.

Die bergmännische Vermessung mit "Hängezeug", ist deutlich präziser und wird oft in den Höhlen der Mittelgebirge angewendet. Sie erfordert einen erhöhten Materialbedarf und scheidet deshalb schon aus Gewichtsgründen im Hochgebirge aus. Bei dieser Vermessungstechnik werden Messpunkte in Form von Schrauben oder Nägeln an der Höhlenwand angebracht. Zwischen ihnen spannen die Höhlenforscher eine Messschnur, in die das Hängezeug eingehängt wird. Dieses setzt sich aus einem Neigungsmesser und einem Hängekompass zusammen. Durch die größere Skala und das feste Einspannen erhöht sich die Genauigkeit der Messungen im Vergleich zu Peilungen. Die Entfernung zwischen den Messpunkten wird auch hier per Maßband oder Laser ermittelt. Raumkonturen können entlang der gespannten Messschnur im rechten Winkel gemessen werden.

Was kann aus einem Höhlenplan gelesen werden?

Die Signaturen von Höhlenplänen sind inzwischen weitestgehend standardisiert, so dass ein französischer Höhlenplan auch von britischen Höhlenforschern gelesen werden kann. Grundsätzlich setzt sich ein Höhlenplan aus der Darstellung der drei Hauptachsen eines Raumes zusammen.

Die wichtigste Darstellung mit dem größten Informationsgehalt ist der horizontale Grundriss. Er bildet die Höhle so ab, als würde sie aus der Vogelperspektive betrachtet werden. Die horizontale Ausdehnung der Höhle und deren Raumbreiten kann direkt abgelesen werden. Im Längsriss hingegen können Sie sich den vertikalen Verlauf vorstellen. Schachttiefen und Kletterstellen sind hier einschätzbar. Ergänzt werden diese beiden Darstellungen durch Profilaufnahmen. Diese bilden Raum- und Gangdimensionen im Querschnitt ab.

Während der Vermessung werden die Daten vor Ort zeichnerisch dargestellt. *Foto: sw*

Wie Landkarten werden auch Höhlenpläne für gewöhnlich nach Norden ausgerichtet. Das heißt, Norden ist dann oben, wenn die Schrift richtig lesbar ist. Vergewissern, ob dies auch wirklich so ist, können Sie sich am Nordpfeil, der die Richtung angibt und auf keinem Höhlenplan fehlen darf. Anhand des Maßstabes können Sie gemessene Raumdimensionen direkt umrechnen. Die Maßstabsleiste zeigt Ihnen, ob diese Messungen auch stimmen. Schließlich könnte der Höhlenplan nicht maßstabsgetreu fotokopiert worden sein. Ein Datenfeld auf dem Höhlenplan gibt Ihnen Informationen über die Vermessung selbst, beispielsweise "wann" und von "wem" dieser Plan "wie" erstellt wurde.

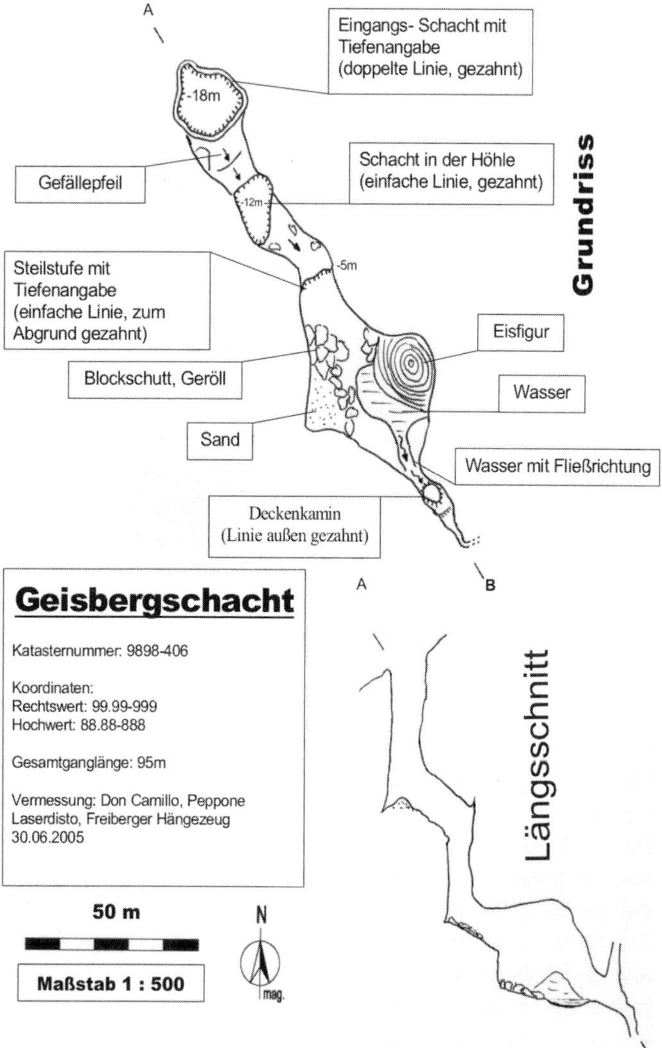

Die wichtigsten Signaturen in einem Höhlenplan

Was sind Höhlenkataster?

Bei den vielen tausend Höhlen in Deutschland könnte sich niemand mehr in dem Datensalat zurecht finden, würden nicht alle Höhleninformationen nach einheitlichen Verfahren verwaltet und gesammelt. Die Höhlenkataster, in denen dies stattfindet, werden meist von Höhlenforschergruppen betrieben. Neben vielen kleinen Katastern existieren wenige große Sammlungen, die überregionale Daten verwalten und im Verband der deutschen Höhlen und Karstforscher organisiert sind. Ihnen kommt eine zentrale Rolle im Bezug auf Erfassung neuentdeckter Höhlen zu. Meist sind sie über viele Jahrzehnte gewachsen und geben deshalb den besten Überblick über alle bekannten Höhlen. Sinnvollerweise sollten alle Höhlenbegeisterten diesen großen Katastern zuarbeiteten und diesen keine Informationen vorenthalten.

Vor einem Siphon stauen sich die Wassermassen zurück
Foto: hw

Welcher Kataster in Ihrem Lieblingsgebiet zuständig ist, erfahren Sie über den Verband der deutschen Höhlen- und Karstforscher (Adresse im Anhang). Bitte haben Sie jedoch Verständnis, wenn die Herausgabe von Daten an Bedingungen geknüpft ist. Zu viele Höhlen wurden bereits Opfer von Vandalismus, so dass die organisierte Höhlenforschung generell wissen möchte, was mit den Informationen geschieht und vor allem an wen sie herausgegeben werden. Als Mitglied eines ernsthaften Höhlenvereins dürften Sie leichter an Infos kommen, erst recht, wenn Sie sich selbst zur Mitarbeit am Kataster entschließen.

Höhlenforschung

Um wirkliche Höhlenforschung (Speläologie) zu betreiben, sind zwei Eigenschaften notwendig: Begeisterung und körperliche Fitness für Höhlenbefahrungen und Interesse an ernsthafter Forschung. Mit der Beschreibung der Planung und Durchführung von Höhlentouren, könnte dieses Buch den Grundstein für angehende Höhlenforscher bilden. Erst wenn das praktische Wissen verinnerlicht ist, bleibt in der Höhle der Kopf frei für aktive Forschung. Um Ihnen die Speläologie schmackhaft zu machen, möchte ich in diesem Kapitel anhand einer kleinen Themenauswahl zeigen, wie vielfältig Höhlenforschung ist.

Was ist Höhlenforschung?

Die **Suche nach neuen Höhlen** steht für viele Höhlenforscher im Mittelpunkt ihres Interesses. Neuentdeckte Höhlen sind für die Speläologie besonders interessant, da sie noch völlig unberührt sind.

Viele Höhlenforscher arbeiten an der systematischen **Erfassung aller Höhlen eines Karstgebietes** mit. Sie suchen im Gelände nach Höhlen, die bislang nicht in Katastern erfasst wurden, oder vervollständigen die Katasterunterlagen mit Fotodokumentationen und Höhlenplänen. Die Anzahl der Höhlen, die noch nicht erfasst oder vermessen wurden ist übrigens riesig. Oft stellt sich heraus, dass ein Höhleneingang schon jahrelang bekannt ist, jedoch noch kein Höhlenforscher die Höhle dahinter befahren hat. Diese Arbeit kann mitunter sehr spannend sein und hat viel Potential für Neuentdeckungen.

Die Beschäftigung mit der **Speläogeologie** und den Zusammenhängen der **Höhlenentstehung** ist ein interessantes und aufregendes wissenschaftliches Gebiet der Speläologie. Wie könnte dieser Gang oder jener Schacht entstanden sein? Es ist ein sehr spannendes Thema, da noch viele Mechanismen der Höhlenentstehung unbekannt sind und zahlreiche Höhlenphänomene mit derzeitigem Wissensstand nicht vollständig erklärt werden können, und zudem auch ein sehr komplexes Thema, denn um die Entwicklung einer bestimmten Höhle erklären zu können, benötigt man fundiertes Wissen über die einzelnen Entstehungstheorien sowie die Umweltbedingungen dieser Höhle. Viele Fragen, die bislang oft unbeantwortet bleiben müssen.

Dem **Karstwasser**, als "Architekt der Höhlen", kommt in der Karsthydrologie eine Schlüsselrolle zu. In **Höhlenlabors** versuchen Wissenschaftler komplexe Zusammenhänge zu ergründen. Wie schnell dringt Regenwasser durch den Fels? Wie hängen Temperatur und Luftdruck an der Erdoberfläche mit dem Tropfverhalten von Tropfsteinen unter Tage zusammen?

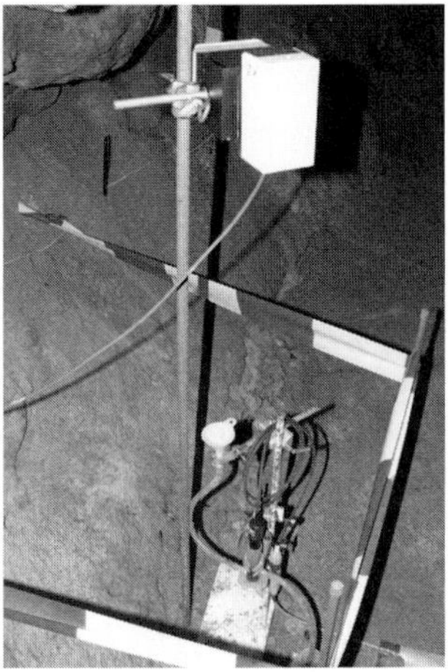

Messeinrichtung in einem Höhlenlabor zur Analyse von Tropfwasser Foto: dp

Bei **Karstwassermarkierung** ergründen Höhlenforscher durch Einspeisung von Tracern (meist Kochsalz) in die Kluftsysteme, die Verteilung und Fließgeschwindigkeiten im Untergrund des Karstes. So werden Informationen über Höhlensysteme gewonnen, die bislang nur dem Wasser offen stehen und Nachweise über die Gefährdung von Trinkwasserquellen erbracht.

Die **Höhlenklimatologie** ist ein relativ junges Betätigungsfeld für Höhlenforscher. Die Temperatur in Höhlen ist ganzjährig gleichbleibend (in Deutschlands Mittelgebirgen 8 bis 9°C), da die Temperaturschwankungen an der Oberfläche im Berginneren nicht ankommen. In Höhlen mit zwei Eingängen unterschiedlicher Höhenlage fließt deshalb im Sommer die kältere Höhlenluft zum unteren Eingang heraus. Im Winter kehrt sich der Luftstrom um, da die nun wärmere Höhlenluft aus dem oberen Eingang steigt. Die Einflüsse dieser Luftstromveränderungen (Höhlenbewetterung) innerhalb der Höhle, beispielsweise auf Eisbildungen oder Lebewesen, sind Gegenstand vieler Forschungsprojekte.

Altersdatierung von Sinterbildungen. Um auf das Alter von Tropfsteinen schließen zu können, gibt es inzwischen eine Reihe verschiedener Datierungsmethoden. Die bekannte Radiokarbonmethode gehört ebenso dazu wie die Uran/Thorium-Methode und die neue Thermionenmassenspektrometrie. Diese aufwändigen Laboruntersuchungen lassen nicht nur auf das Alter der Sinterbildungen, sondern auch auf die Klimaverhältnisse an der Oberfläche während ihrer Entstehungszeit schließen. Sinterbildungen sind somit Klimaarchive.

Das Interesse der Höhlenbiologen gilt vor allem der Erforschung von **Lebewesen in Höhlen**. Da die meisten Tiere so klein sind, dass sie kaum mit bloßem Auge sichtbar sind, müssen sich die Forscher einiger Hilfsmittel bedienen. In Höhlengewässern wird beispielsweise mit speziellen Biofiltern gefischt, im Höhlenboden werden Fallen eingebettet. Anschließend muss das gewonnene Material unter dem Mikroskop untersucht werden. Auf diese Weise werden immer wieder neue Tierarten entdeckt.

In einer neu entdeckten Höhle werden Knochenfunde wissenschaftlich erfasst

Foto: wl

Paläontologen und Anthropologen interessieren sich dagegen viel mehr dafür, was einmal in der Höhle gelebt hat. Einer Konservendose gleich sind Höhlen, verglichen mit der Außenwelt, ideal geeignet, um Knochen und Spuren menschlicher Besiedlung über Jahrtausende zu bewahren. Viele längst ausgestorbene Tierarten konnten anhand von Knochenfunden aus Höhlen entdeckt werden. So zum Beispiel 1794 der Höhlenbär. Heutige Forschungsmethoden sind im Vergleich zu damals ausgereifter und nahezu kriminalistisch. In einer bronzezeitlichen Kulthöhle im Harz konnte die älteste Familie der Welt identifiziert werden. Anhand von DNA-Proben ließen sich nicht nur die Verwandtschaft, sondern auch persönliche Aussehensmerkmale nachweisen.

Warum Höhlenvereine und Verbände?

Höhlenforschung ist derzeit eine ehrenamtliche Freizeitbeschäftigung basierend auf freiwilligem Engagement. Die kleinste gemeinsame Arbeitsplattform, von Einzelgängern mal abgesehen, bilden Höhlenvereine. Diese finanzieren sich selbst, meist aus Mitgliedsbeiträgen, denn staatliche Zuschüsse sind leider die Ausnahme. Je nach Größe und finanziellen Möglichkeiten, bieten Vereine Voraussetzungen für Forschungsvorhaben. In einer vereinseigenen Bibliothek können unter anderem Literaturrecherchen durchgeführt und im Kataster Höhlendaten eingesehen werden. Ein Materiallager, finanziert aus Vereinsmitteln, kann eventuell auch kostspieligere Geräte für die Forschung bereitstellen, zum Beispiel Akkubohrmaschinen, Vermessungsgeräte oder Datenlogger zur Sicherung klimatologischer Höhlendaten.

Darüber hinaus könnten Sie, gerade als Einsteiger in die Höhlenforschung, von den Kompetenzen eines Vereins profitieren. Sie finden dort für alle Belange Ansprechpartner, beispielsweise für praktische Ausbildung in Einseiltechnik und Vermessung.

Um die Höhlenforschung in größerem Rahmen zu vernetzen wurden einzelne Landesverbände sowie der Verband der deutschen Höhlen- und Karstforscher (VdHK) gegründet. Dieser ist nicht nur eine bundesweite Diskussionsplattform für Höhlenforscher, sondern stellt gleichzeitig auch als größte Speläo-Organisation in Deutschland einen Ansprechpartner für alle Fragen zu Höhlenthemen dar. Auch die politischen Aufgaben der Verbände werden zusehends wichtiger. Auf der Gratwanderung zwischen strenger werdendem Naturschutz und dem Verlangen nach immer extremeren Freizeitbeschäftigungen, muss die Höhlenforschung eindeutig Stellung beziehen. Die Interessen der Speläologie auch politisch zu vertreten, wäre ohne die Organisation der Höhlenforschung in Bundes- und Landesverbänden sowie in leistungsfähigen ernsthaft arbeitenden Höhlenvereinen heute nicht mehr möglich. Höhlenforschung ist keine Beschäftigung für abenteuerlustige Einzelgänger, sondern eine interessante wissenschaftliche Betätigung im Team.

Anhang

Verband der deutschen Höhlen und Karstforscher e.V. (VdHK)

- Michael Laumanns, Unter den Eichen 4 C, 15834 Rangsdorf (Vorsitzender), 💻 www.vdhk.de, aktuelle Informationsseite über Höhlenforschung, Schauhöhlen, Höhlenvereine in Deutschland, Termine, Kontaktadressen etc.

Landesverbände

- **Landesverband für Höhlen- u. Karstforschung Hessen e.V.**, Stefan Zaenker, Königswarter Str. 2A, 36039 Fulda, ☏ 0661/9529367 (privat), ✉ webmaster@hfc-hersfeld.de

- **Landesverband für Höhlen- u. Karstforschung Bayern e.V.**, Bernhard Nerreter, Siemensstr. 24, 90596 Schwanstetten, ☏ 0911/617110, ✉ b.nerreter@t-online.de

- **Regionalverband Nord (Niedersachsen, Schleswig-Holstein, Sachsen-Anhalt)**, Ernst Schuhose, Subecksweg 20, 37581 Bad Gandersheim, ☏ und FAX 05382/1735, ✉ e.schuhose@hoko-data.de

- **Landesverband für Höhlen- u. Karstforschung Nordrhein-Westfalen e.V.**, Carsten Ebenau, Barchemhöhe 27, 45357 Essen, ☏ 0201/721935 (privat), ✉ Carsten.Ebenau@uni-essen.de

- **Landesverband für Höhlen- u. Karstforschung Baden-Württemberg e.V.**, Hans-Martin Luz, Stangenstr. 61, 70771 Leinfelden-Echterdingen, ☏ und FAX 0711/7979166, ✉ vorsitz@lhk-bw.de

- **Landesverband Thüringer Höhlenverein e.V.**, Rainer Fohlert, Sandberghöhe 1, 99848 Wutha-Farnroda, ☏ 036921/90865 (privat), ✉ rainer.fohlert@t-online.de

Alarmplan Höhlenrettung

Index

Alle Bücher aus dem Conrad Stein Verlag

OutdoorHandbücher - Basiswissen für draußen

Band		€
1	Rafting	6,90
2	Mountainbiking	6,90
3	Knoten	6,90
4	Karte Kompass GPS	7,90
5	Essbare Wildpflanzen	7,90
6	Skiwandern	6,90
7	Wildniswandern	6,90
8	Kochen 1 aus Rucks. u. Packt.	7,90
9	Bergwandern	6,90
10	Solo im Kanu	6,90
11	Kanuwandern	7,90
12	Fotografieren	7,90
13	Wetter	6,90
14	Allein im Wald - Survival für Kinder	6,90
15	Wandern mit Kind	6,90
16	Sex-Vorb. Technik Varianten	6,90
20	Wüsten-Survival	7,90
21	Angeln	7,90
22	Leben in der Wildnis	7,90
24	Ratgeber rund ums Wohnmobil	7,90
25	Wale beobachten	7,90
30	Spuren & Fährten	6,90
31	Canyoning	7,90
34	Radwandern	7,90
35	Mushing - Hundeschlittenfahren	7,90
36	Gesund unterwegs	6,90
39	Erste Hilfe	7,90
45	Solotrekking	6,90
48	Für Frauen	6,90
58	Fahrtensegeln	7,90
65	Seekajak	6,90
68	Minimal Impact - Outdoor - naturverträglich	6,90
69	Abenteuer Teeniegruppe	6,90
70	Wintertrekking	6,90
72	Schnorcheln und Tauchen	6,90
73	Trekkingreiten	7,90
77	Wohnmobil in USA und Kanada	9,90
86	Regenwaldexpeditionen	7,90
94	Wattwandern	7,90
97	Urlaub auf dem Land	7,90
99	Kochen 2 - für Camper	6,90
100	Ausrüstung 1 - von Kopf bis Fuß	7,90
101	Ausrüstung 2 - für Camp und Küche	7,90
102	Ballonfahren	7,90
103	How to shit in the Woods	7,90
104	Globetrotten	7,90
106	Daumensprung und Jakobsstab	6,90
108	DocHoliday - Taschendoktor für Outdoorer, Traveller und Yachties	6,90
120	Trailfinder - Orientierung <u>ohne</u> Kompass und GPS	6,90
129	Kochen 3 - für Zeltlager & Freizeiten	7,90
131	Zeltlager und Jugendfreizeiten - Planung und Vorbereitung	7,90
138	Zeltlager und Jugendfreizeiten 2 Durchführung	7,90
143	Trekking mit Hund	9,90
148	Wenn Kinder fliegen	7,90
165	Fastenwandern	6,90
170	Höhlen - Praxistipps	7,90
176	Vulkane erleben	7,90
181	Kurzweilfibel	7,90
184	Trekking Ultraleicht	7,90

OutdoorHandbücher - Der Weg ist das Ziel

Band		€			
17	Schweden: Sarek, Padjelanta, Abisco.	12,90	74	Nordirland: Coastal Ulster Way	10,90
			76	Pfälzerwald-Vogesen-Weg	9,90
18	Schweden: Kungsleden	12,90	78	Polen: Pisa-Narew (Kanuroute)	9,90
19	Kanada: Yukon - Kanu- und Floß	12,90	79	Bolivien: Choro Trail	10,90
23	Spanien: Jakobsweg	14,90	80	Peru: Inka Trail u. Region Cusco	12,90
26	Schottland: West Highland Way	12,90	81	Chile: Torres del Paine	12,90
27	John Muir Trail (USA)	10,90	82	Norwegen: Jotunheimen	12,90
28	Island: Trekking Klassiker	12,90	83	Neuseeland: Stewart Island	9,90
29	Kanada: West Coast Trail	9,90	84	USA: Route 66	9,90
32	Polen: Radtouren in Masuren	12,90	85	Finnland: Bärenrunde	9,90
33	Trans-Alatau (GUS)	10,90	87	Montblanc-Rundweg - TMB	9,90
37	Kanada: Bowron Lakes	10,90	88	Griechenland: Trans-Kreta	12,90
38	Polen: Kanutouren in Masuren	12,90	89	Schweden: Skåneleden	9,90
40	Trans-Korsika - GR 20	12,90	90	Mallorca: Serra de Tramuntana	9,90
41	Norwegen: Hardangervidda	12,90	91	Italien: Trans-Apennin	9,90
42	Nepal: Annapurna	9,90	92	England: Themse-Ring	9,90
43	Schottland: Whisky Trail	12,90	93	Spanien: Sierra Nevada	12,90
44	Tansania: Kilimanjaro	14,90	95	Norwegen: Nordkap-Route	12,90
49	USA: Grand Canyon Trails	10,90	96	Polen: Czarna Hancza/Biebrza-Kanu	9,90
50	Kanada: Banff & Yoho NP	10,90	98	Wales: Offa's Dyke Path	9,90
51	Tasmanien: Overland Track	12,90	107	GR 5: Genfer See - Nizza	12,90
52	Neuseeland: Fiordland	10,90	109	Mecklenburgische Seenplatte	9,90
53	Irland: Shannon-Erne	12,90	112	Norwegen: Telemark-Kanal	9,90
54	Südafrika: Drakensberge	10,90	113	Thüringen: Rennsteig	9,90
55	Spanien: Pyrenäenweg GR 11	12,90	114	Alpen: Dreiländerweg (CH-A-I)	9,90
56	Polen: Drawa-Kanutour	9,90	115	Tschechien: Freundschaftsweg	12,90
57	Kanada: Great Divide Trails	10,90	116	Spanien: Jakobsweg - Via de la Plata	14,90
59	Kanada: Wood Buffalo NP (Kanu)	9,90			
60	Kanada: Chilkoot Trail	9,90	117	Schweiz: Jakobsweg	12,90
61	Kanada: Rocky Mountains-Radt.	10,90	118	Rund Australien	14,90
62	Irland: Kerry Way	12,90	119	Schwäb. Alb: Hauptwanderweg	12,90
63	Schweden: Dalsland-Kanal	12,90	121	Italien: Dolomiten-Rundweg	9,90
64	England: Pennine Way	12,90	122	Schwarzwald-Jura-Weg	9,90
66	Alaska Highway	12,90	127	Uganda: Ruwenzori-Wand.	12,90
71	N-Spanien: Jakobsweg-Küstenweg	12,90	128	Frankreich: Jakobsweg GR 65	14,90

Band	€
132 Dem Kommissar auf der Spur	12,90
133 NRW: Natur und KulTour (per Rad)	12,90
134 Deutschland: Vorpommern Radtour durch die Nationalparks	9,90
135 Deutschland: Schleswig - Holstein Radtour	9,90
136 Schweiz: Matterhorn - Tour du Cervin	9,90
137 Grönland: Arctic Circle Trail	12,90
139 Belgien: Jakobsweg - Via Mosana	9,90
140 Italien: Alpiner Wanderweg Friaul	12,90
141 Nordspanien: Jakobsweg Alternativroute	12,90
142 Jakobsweg Tillyschanz-Konstanz	9,90
144 Kanada: East Coast Trail	9,90
145 Rund Bornholm zu Fuß u.p. Rad	12,90
146 Tschechien: Isergebirge	12,90
147 NRW: Jakobsweg	12,90
149 Norsp. Jakobsweg Tunnel v. San Adrian	9,90
150 England: Cleveland Way	9,90
151 Kirgistan: Trekking im Tienschan	12,90
152 Nepal: Langtang, Gosainkund u. Helambu	12,90
154 Deutschland: Rothaarsteig	9,90
155 Odenwald-Scharzwald-Weg	12,90
156 Südafrika: Wild Coast Trail	9,90
157 Österreich: Jakobsweg	14,90
159 Sächsische Schweiz Trekkingt.	9,90
160 Brandenburg: Wochenendtouren rund um Berlin	9,90
161 Italien: Ligurischer Höhenweg	12,90
162 Frankr.: Jakobsweg - Via Tolosana	12,90
163 Harz: Hexenstieg	9,90
164 Teutoburger Wald: Hermannsweg	9,90
166 Frankreich Jakobsweg: Via Lemovicensis	12,90
167 Niederl.: Nordseeküstenradweg	12,90
168 Bulgarien: Rila- u. Piringebirge	9,90
169 Dänemark: Nordseeküsten-Radweg (07)	9,90
171 Türkei: Lykischer Weg	9,90
172 Skandinavien: Nordkalottleden (07)	9,90
173 Russland: Flusskreuzfahrt	9,90
174 England: Hadrian's Wall Walk	9,90
175 Schweiz: Bärentrek	9,90
177 Frankreich: Wandern im Vercors	9,90
178 Per Rad in 13 Etappen durch d. südl. Schleswig-Holstein	9,90
179 Dänemark: Ostseeküsten-Radweg	9,90
180 Deutschland: Nordseeküsten Radw.	9,90
183 Deutschland/Österreich: Bregenzerwald (07)	9,90
185 Portugal/Spanien: Jakobsweg Caminho Português	12,90
186 Italien: Franziskaner Wanderweg	14,90
187 Jakobsweg: München nach Bregenz (07)	9,90
188 Jakobsweg: Augsburg nach Bregenz (07)	9,90
189 Brandenburg: Pilgerweg Berlin-Wilsnack	12,90
190 Schottland: Central Highlands & Cairngorn National Park (07)	9,90
192 Rund um Island	9,90
194 Deutschland/Frankreich: Jakobsweg von Trier nach Vézalay	12,90

OutdoorHandbücher - Fernweh-Schmöker

Band		€			
46	Blockhüttentagebuch (R. Höh)	12,90	125	Auf dem Weg zu Jakob	9,90
47	Floßfahrt nach Alaska (R. Höh)	10,90	126	Kilimanjaro-Lesebuch	7,90
75	Auf nach Down Under (Australien)	7,90	130	1000 Tage Wohnmobil	12,90
105	Südsee-Trauminsel (Tom Neale)	9,90	153	Jakobsweg - Lesebuch	7,90
110	Huskygesang - Hundeschlittenf.	7,90	158	Inselfieber	9,90
111	Liebe - Schnaps - Tod (Thailand)	7,90	182	Als Frau allein auf der Via de la Plata	7,90
123	Pacific Crest Trail (USA)	9,90			
124	Zwei Greenhorns in Alaska	6,90	193	Weites Grünes Land	7,90

ReiseHandbücher

Äthiopien	22,90	Libyen	22,90
Antarktis	24,90	Rumänien	14,90
Grönland	14,90	Schweiz	18,90
Iran	22,90	Sibirien	22,90
Kiel	9,90	Spitzbergen-Handbuch	22,90
Kiel von oben - Luftbildband	9,90	Tansania / Sansibar	19,90
Kurs Nord	24,90		

Fremdsprech

Band		€			
1	Oh, dieses Dänisch	4,90	6	Oh. dieses Russisch	4,90
2	Oh, dieses Schwedisch	4,90	7	Oh, dieses Norwegisch	4,90
3	Oh, dieses Spanisch	4,90	8	Oh, dieses Niederländisch	4,90
4	Oh, dieses Englisch	4,90	9	Oh, dieses Chinesisch	4,90
5	Oh, dieses Französisch	4,90	10	Oh, dieses Österreichisch	4,90

☺ Weitere Bücher in Vorbereitung.
Fordern Sie unseren aktuellen Verlagsprospekt an: